Alcoolisme

et

Matérialisme

DEUXIÈME ÉTUDE

EN FAVEUR DE NOS ENFANTS

Alcoolisme

et

Matérialisme

DEUXIÈME ÉTUDE

EN FAVEUR DE NOS ENFANTS

L'Auteur qui vend son livre y met une pré-face, comme pour dire au public qu'il aurait bien tort de regarder à quinze ou vingt sous pour se payer le régal d'une lecture aussi inté-ressante.

Je donne le mien. Est-ce trop de laisser le lecteur s'exposer tout seul au danger d'une demi-heure d'ennui ? Je le prie de s'y risquer.

F. R.

Chemillé, décembre 1902.

DE L'ALCOOLISME

Alcool, mot arabe qui signifie le subtil (1).

Qu'est-ce que l'Alcoolisme ?

Un empoisonnement par l'abus des boissons spiritueuses.

D'après le docteur Galtier-Boissière et la science médicale en général, cet abus affecte l'organisme et le moral de l'homme.

L'organisme

Obstruction en partie du cerveau, qui n'est plus suffisamment nourri et se détruit, d'où trois maladies possibles :

Hémorragie cérébrale (épanchement), ramollissement, aliénation mentale, affaiblissement de la vue et de l'ouïe. La langue, bosselée, perd une partie du sens du goût.

La gorge irritée, la voix rauque, éraillée ;

---

(1) Au XVIIe siècle, au commencement du règne de Louis XIV, l'alcool ne se vendait que dans les pharmacies, sur ordonnance du médecin.

Il en était de l'alcool comme du sucre. Je lis : sous Henri IV le sucre se vendait à l'once chez les apothicaires. En 1700, la consommation du sucre s'élève à 1 million de kilogr. ; à 10 millions en 1815. En 1841 elle dépasse 100 millions de kilogr. — Et aujourd'hui ?...

En 1851, je gérais une pharmacie à Josselin (Morbihan). Là les médecins prescrivaient, après une potion ou un sirop, de 125 gr. à 250 gr. de sucre, que nous fournissions !

L'estomac, dilaté par le vin, rétréci par l'eau-de-vie, est rouge ulcéré. Le foie subit des altérations profondes qui le détruisent à la longue ; tout au moins digestions difficiles, incomplètes.

Les organes respiratoires, qui revivifient le sang, en triste état : toux fréquente, menaces de phtisie (tuberculose).

Sécrétion laborieuse du rein, d'où peuvent résulter l'albuminurie, l'hydropisie.

Le cœur s'infiltre d'une sorte de graisse ; il est oppressé ; les artères perdent de leur résistance, elles se dilatent parfois sous forme d'anévrisme, dont la rupture possible tue net.

Altération des globules rouges du sang, nourrissiers des poumons, du cœur et du cerveau, d'où affaiblissement général. Le système nerveux se trouble, la circulation s'entrave, la digestion se supprime.

La main du buveur devient moins ferme, moins adroite, tremblante. Il est moins d'aplomb sur ses jambes. Son coup d'œil est moins sûr. Il finit par être détérioré, ulcéré, brûlé.

L'alcoolique est plus exposé aux maladies, et il guérit moins vite. Chez lui les blessures et l'opération chirurgicale peuvent se compliquer d'accidents divers.

Et quant au mal moral et social ?

Les idées du buveur perdent de leur netteté à la longue : il a moins de mémoire, de volonté, de bonté, de dévouement. Son caractère devient peu à peu irascible et fantasque.

Est-il si rare de le voir descendre jusqu'à la frénésie et à la folie ?

Des statistiques établissent que les deux tiers des divorces et des condamnations correctionnelles sont dûs à l'alcoolisme. En est-il autrement pour les crimes et les suicides ?

Les accidents de travail et de voitures, les catastrophes de chemin de fer n'ont-ils pas bien souvent la même cause ?

L'illustre Gladstone a écrit : « L'alcool est le fléau de « l'humanité : il fait plus de mal que la peste, la famine « et la guerre ; plus que la famine et la guerre il tue, il « fait plus que tuer, il déshonore. »

Il est la cause principale de la ruine et de la misère de l'ouvrier. — Comment ferait-il de bonnes journées, quand tout lui fait défaut, force, santé, temps ? Ne perd-il pas le quart, même la moitié de ses heures au caboulot, où il dépense une partie de son salaire journalier ?

« Il boit dans son verre, a dit Lamennais, le sang de « sa femme et de ses enfants. »

Écoutez le grand évêque de Nancy, si dévoué à la classe ouvrière : « La question de l'ascension de l'ouvrier « réside dans le travail, l'honneur, la vertu. Que devient « ce noble idéal pour la victime de l'ivrognerie ? — « Cet homme dont le père, d'un bras vigoureux, a con- « duit la charrue dans le sillon, brandi le marteau de « l'industrie, ou porté vaillamment l'épée, cet homme, « amoindri ou dégénéré, n'aura pour fils que des fous, « des idiots ou des rachitiques ! — Oh ! il vaut mille fois « mieux pour un peuple périr dans le sang sur un champ « de bataille, que de s'éteindre ainsi dans la boue de la « décadence, de l'avilissement et du déshonneur. »

On a cité cette sortie de Diogène, le philosophe cynique, à l'adresse d'un garçon stupide : « Jeune homme, ton père était bien ivre quand ta mère t'a conçu ! »

Je ne raffole pas de statistiques, elles ont tout de même du bon parfois :

On trouve dans le journal *Le Relèvement Social*, de M. Comte, ces réflexions : L'ouvrier emploie une grande partie de son salaire à se payer des petits verres et de l'absinthe. Si nous prenons la consommation totale de la France en alcool nous arrivons à quatre millions d'hectolitres à 50 degrés, chaque année, représentant, à 300 fr. l'hectolitre chez le marchand de vin, un milliard deux cent millions de francs, en chiffres ronds. Et si nous ajoutons les alcools qui se consomment en contrebande, nous arrivons au chiffre fabuleux d'un milliard huit cent millions.

« Enfin, si nous ajoutons encore tout l'argent qu'il faut employer pour soigner les malades par l'alcool, dans les hôpitaux et à domicile, les fous et les détenus dans les maisons centrales, je n'exagère pas en disant que la consommation de l'alcool en France représente un capital de près de deux milliards par an.

« Si au lieu d'employer cette somme à s'empoisonner, on l'employait à travailler ou à faire travailler ! — Que ces deux milliards circulent pour des travaux utiles, et la question sociale se trouverait singulièrement simplifiée. Que d'œuvres prospéreraient dans les ateliers et aux champs !

« Si les vingt mille mineurs de Saint-Étienne prenaient l'engagement de ne boire que du vin et de l'eau, ils mettraient de côté chacun 150 francs par an ; et ils n'ont que des dettes, même les mieux payés. Tant il est vrai que la surélévation des salaires n'améliore en rien le bien-être de l'ouvrier ; il fait moins de journées, il ne s'en tient plus à la « *saint-lundi* ».

« Cent cinquante francs déposés à leur syndicat feraient

trois millions par an ; que les ouvriers ne pourraient-ils pas entreprendre par eux-mêmes ? Ils arriveraient à leur indépendance sociale ; ils s'assureraient une bonne retraite, etc... »

M⁸ʳ Turinaz disait de son côté : « La question ouvrière « est en partie la question du salaire ; mais fût-il cinq « fois, dix fois plus élevé, le salaire ne suffirait jamais à « l'alcoolique, et ne pourrait jamais le faire sortir de sa « plus profonde misère. — La question ouvrière est la « question de l'épargne et de l'infirmité pour la vieillesse. « Mais l'alcoolisme rend l'épargne impossible et amène « la vieillesse à 40 ou 5o ans. » — On a dit, avec vérité, qu'un ivrogne invétéré paraît plus vieux à 3o ans qu'un homme sobre à 6o ans.

Par l'alcoolisme, a dit M. Lejeune, ancien ministre de Belgique, toutes les réformes sont vouées d'avance à la stérilité.

Il n'y a plus de bons ouvriers à Rouen, disait un congressiste, tous boivent ! Ils sont plus payés qu'autrefois, ils travaillent moins, et moins bien : l'intelligence, l'initiative, l'habileté technique et la force corporelle s'amoindrissent chez l'ouvrier. Les bénéfices du patron diminuent, et la concurrence étrangère gagne de jour en jour.

Le progrès de l'alcoolisme compromet l'avenir des Sociétés de secours mutuels, et augmente, outre mesure, les frais de l'assistance publique.

L'alcoolisme use la race par les deux bouts, a constaté le Dʳ Grasset, en augmentant la mortalité et en diminuant la natalité saine.

« Vous qui vous intéressez aux ouvriers, dit un journal, « dites-leur : Nous sommes prêts à réclamer vos droits « légitimes ; mais si vous revendiquez vos droits, vous « ne devez pas oublier que vous avez des devoirs corres-

« pondants à remplir auprès de vos femmes. Vous souf-
« frez, vous peinez; votre femme souffre et peine aussi;
« soyez son compagnon, son appui ; passez votre main
« sous le bras de votre femme pour l'aider et la soutenir,
« et marchez ainsi votre chemin. »

Oh! si le buveur simplement dévoyé, comme la plupart,
non désemparé, arrivait à comprendre ses vrais intérêts,
il sentirait bientôt ses goûts, ses ardeurs au désordre fai-
blir. Il renoncerait à ses habitudes décevantes, pour
réintégrer, peu à peu, le sanctuaire réconfortant du foyer
familial; il ramènerait la sérénité et la joie auprès des
êtres si chers de sa maison, qui pleurent ses absences
trop fréquentes et pâtissent de l'oubli de ses devoirs.

Quand boit-on ?

Ce n'est pas d'hier, écrit un moraliste, que la dive bou-
teille exerce ses séductions sur l'homme. C'était tout
pareil du temps des Pharaons, il y a quelque trois mille
ans. Déjà à l'époque de Joseph et de Moïse, l'alcoolisme
était un des facteurs de la décadence de la vieille Égypte :
« les Égyptiens peuvent être considérés comme les plus
« anciens ivrognes du monde » ! — Cela, ça nous est bien
égal. — Heureusement que notre critique n'est pas
remonté au lendemain du déluge, le bon patriarche Noë
aurait eu son compte !

Chez nous quand boit-on? Le matin, dit M. Comte,
pour tuer le ver; à 11 h. pour se mettre en appétit on
prend une absinthe; on emporte sur soi de l'eau-de-vie
pour le travail. On boit les jours de semaine, plus encore
le dimanche. On boit quand on vient d'enterrer sa belle-
mère, et parfois sa femme, pour se consoler ; on boit

quand on marie sa fille pour se réjouir. On boit pour se rafraîchir ou pour se réchauffer.

Le mal est immense.

Et puis, dit un autre, on veut s'offrir quelque chose entre camarades ; ce petit verre est presque un symbole de liberté, d'épanouissement, de joie, de rupture avec la contrainte habituelle. Représentez-vous ce que vaut pour le buveur cet éclair d'indépendance, cette jouissance du superflu, de l'inutile, de loisir et d'oubli. On se fait fête à soi-même, sous prétexte de prendre un petit verre et de fumer une cigarette avec un ami.

On va à ses affaires, en ville n'importe où ; on y rencontre des connaissances, et l'on s'offre quelque chose une fois, vingt fois dans la journée. C'est ainsi que, tout doucement, sans s'en douter, le plus innocemment du monde, on devient ivrogne fieffé.

Quelques-uns s'en font gloire : Figurez-vous dit un soifeur, qu'un jour de moisson, du matin au soir, j'ai bu 64 grandes gouttes ! Et bien le lendemain je me portais si bien que j'en ai bu 33 avant de déjeûner ; et pour cela il ne faut pas avoir un estomac en papier de soie. Avec la même ration un cheval aurait crevé sur place !

D'autres inondés pensent encore à boire, jugez-en : M. X. rentrait tard chez lui ; près de la Madeleine, il voit un enfant qui pleurait près d'un *tas noir*.

Qu'as-tu, petit ? — Monsieur, j'ai peur — Qu'est-ce que ça qui est à terre ? — Monsieur, c'est mon oncle ! Monsieur, il s'*est* un peu bu ! — Où demeures-tu ? — Telle rue, tel numéro. — M. X. releva l'oncle et le prit sous le bras — Allons, mon brave, en route !

L'oncle marche moitié dormant, moitié trébuchant ; puis reprenant un peu ses idées : Vous êtes tout de même un bon enfant, nous *allons prendre* quelque chose. —

Comme son compagnon ne paraissait pas décidé : C'est moi qui paie, ajoute-t-il. — Non, dit le Monsieur, vous avez assez bu. Marchons..... — Ah ! c'est parce que je ne suis qu'un ouvrier, que tu ne veux pas boire avec moi ? — tu méprises le peuple ; — je te vas crever la gueule !

Un peu plus loin se remettant il dit encore : Vous êtes un bon enfant, entrons là, c'est moi qui paie. — Nouveau refus. — Et l'autre : Ah ! c'est parce que je suis un ouvrier — eh ben ! j'te vas casser la gueule ! etc.

Que voulez-vous ces malheureux désemparés considèrent le coup de picton, comme indispensable pour faire une bonne journée ; on se sent faible, on a mal aux cheveux ; il faut se réveiller, s'exciter à la besogne ; il manque le coup de fouet ! A cela un docteur riposte : mais, vous savez bien que le coup de fouet est inutile pour les bêtes jeunes et vigoureuses, et presque toujours sans efficacité sur les haridelles et les vieilles biques.

Mais non, il est établi scientifiquement qu'après un instant de réveil l'eau-de-vie, en quantité, engourdit, refroidit même.

Mais du moins le vin réchauffe ?

Vous m'enbarrassez !

Un esprit mal tourné vous répondrait : vous recevez un ami ; s'il vous arrive tout suant, vous le faites se rafraîchir par un bon verre de vin ; et avec ce même verre de vin vous le réchauffez, s'il est transi de froid. Le vin réchauffe si vous le servez brûlant comme une tasse de thé fumant, et il rafraîchit, si vous le tirez d'une cave glaciale. Toujours, toujours on se paie de mots. Seulement pris modérément le bon vin réconforte, voilà tout.

Et encore il faut que le réconfort s'impose ; car la saine morale, comme l'hygiène, défend de prendre rien sans un *commencement de besoin.* Et puis, est-il aisé d'établir une démarcation bien nette entre l'excitation, le réchauffement et le réconfort de nos organes par le vin ? — Je ne m'en charge pas.

L'usage abusif du vin ne cause pas des ravages aussi grands et surtout si rapides sur l'organisme que l'eau-de-vie. Mais le vin est si bon ; il n'attriste pas comme le tord-boyau ; *lætificat cor hominum*, il porte à la gaieté ; il est de bonne compagnie. Le buveur lancé en absorbe litre sur litre ; l'estomac le plus solide ne résiste pas indéfiniment à cette surcharge contre nature. Et à la longue le mal alcoolique se rencontre chez le pinteur désordonné tout comme chez l'amateur inconscient des petits verres d'emporte-gueule. Si l'on boit tant, on ne mange plus, le corps se fatigue, se casse. Voilà quand on boit. Par bonheur encore que le vin est plus cher qu'autrefois. Au commencement du xvie siècle « le vin, a écrit le maréchal de Tavannes, était à 1 liard la pinte ! la journée 3 sols ».

Que boit-on ?

Un mot de l'eau. Qui oserait médire de l'eau, qui désaltère homme, animal, plante, la nature entière depuis le commencement ? L'eau est un breuvage d'autant plus naturel qu'elle entre pour les 2/3 dans la constitution du corps humain. Un corps du poids de 60 kilos contient 40 kilos ou 40 litres d'eau.

Le plus grand des plaisirs de boire, dit un sage, je parle du plaisir physique de boire, c'est de boire un verre d'eau fraîche et limpide. Je ne crois pas qu'il y ait de régal plus fin, plus délicat et meilleur !

Écoutez un poète : Que j'aime l'eau de source ! Elle est limpide, elle est pure et virginale comme la neige des glaciers d'où elle tombe goutte à goutte. Sous sa bienfaisante rosée l'herbe pousse et les fleurs s'épanouissent.

Elle nous désaltère, elle nous guérit, elle nous charme et nous berce; elle retrempe notre corps et réveille notre esprit. Elle brille comme le diamant, elle s'égrène plus blanche que les perles, et nous n'avons qu'à tendre la main ou le visage pour recevoir sa bénédiction, qu'à ouvrir les yeux pour jouir de sa beauté. Elle jaillit chantante et rafraîchissante comme une prière.

J'aime l'eau !

Passons à l'eau-de-vie.

Affiche tirée des affiches trimestrielles, chez Aberden à Vals (Ardèche), reproduite dans le journal l'*Alcool* dirigé par le Dr Legrain, qui a présidé le congrès antialcoolique de Paris (1899).

L'EMPOISONNEMENT ORGANISÉ

Citoyens ! On vient d'ouvrir une usine où l'on traite (révérence parler)

LES VIDANGES

On en tire d'abord de la poudrette, excellent engrais. Puis le liquide résiduel, chimiquement préparé, donne des eaux-de-vie, des rhums, tafias, etc.

La source est la même, les étiquettes seules diffèrent. Dorénavant quand vous boirez la goutte, vous risquez d'avaler...

Pouah !

Citoyens, votre patience ira-t-elle jusque-là ?

Cette affiche me rappelle une anecdote assez plaisante qui s'est passée chez moi, il y a plus de vingt ans. Je tenais officine ouverte, route d'Angers aux Sables d'Olonne. Un matin vint s'assoir sur une chaise de paille de ma *boutique*, comme cela lui arrivait souvent, un monsieur, adversaire résolu de l'eau-de-vie. Il est vrai qu'il possédait dans ses celliers bien des milliers de bouteilles des meilleurs crus d'Anjou, qu'il vendait fort cher aux châtelains et aux richards de sa connaissance. Il avait ce jour-là l'air tout éveillé. Il me jeta un coup d'œil vif en disant : Venez vous asseoir là. Il tira de la poche de son grand paletot à col de velours la « Gazette de France », son journal, assujettit ses lunettes d'or, étendit sur ses genoux son *carré de papier*, et dit en me désignant de son doigt tremblotant un passage de la feuille : Tenez, tenez, lisez-moi ça ! Il y était dit qu'un chimiste distillateur se faisait délivrer les urines sucrées des diabétiques de l'hôpital d'une grande ville d'Allemagne, pour en fabriquer de l'eau-de-vie !

Que ces racontars ne soient pas bien sérieux, je l'ignore et vous l'accorde. Il n'est pas moins vrai que l'eau-de-vie industrielle, du commerce, se tire des pommes de terre, des grains avariés, impropres à faire du pain, de diverses graines, de mélasse et de fécules presque innommables.

Un homme de science vous dira : D'où qu'il sorte l'alcool n'est pas vénéneux, s'il est pur, bien rectifié. — Peut-être. — Mais ce n'est pas le cas pour l'eau-de-vie de commerce, celle des débitants. Il leur faut du bon marché, il suffit qu'elle soit agréable ; et l'industrie des alcools prend grand soin de lui donner au moins cette qualité. Les bouilleurs de cru et les petits distillateurs ne rectifient pas leur « tord-boyaux », il leur reviendrait à trop cher. Ils ne savent même pas le faire, et ils ne sont pas outillés pour cela. Les appareils à rectification sont coûteux et encombrants ; ils ne sont pas transportables ;

ils ne se rencontrent que dans nos grandes distilleries de
ville. Dans les cabarets c'est assez que l'alcool gratte,
régale et coûte peu. Enfin il y a l'eau-de-vie de nos bons
Allemands, vrai emporte-gueule, qui coûte : l'hectolitre,
à 50°, 15 fr., à 80°, 26 fr. — 6 à 8 sous le litre chez
nous sans les droits. Et la vente en fraude ne la comptez-
vous pour rien ?

La classe aisée dans les villes s'empoisonne plus déli-
catement. Au cercle, au café, on sert des eaux-de-vie de
meilleure qualité, et toutes ces liqueurs prétendues apé-
rives, et dites par antiphrase hygiéniques, dont les
annonces flamboyantes font le plus bel ornement des
murs des villes et des plus humbles bourgades. Ce sont
des boissons bien préparées, mais aromatisées avec des
essences plus ou moins irritantes. Ces liqueurs sont de
légers poisons agrémentés d'autres poisons, leurs essences ;
mais à petite dose, ces liqueurs ne sont pas nuisibles.

Mais avec vos critiques, dira-t-on chez nous, vous voulez
donc que nous nous en tenions « à la grande fontaine
de la ville » ? — Ne nous emportons pas. — Qu'on me
laisse me désaltérer, tout seul s'il le faut, à cette eau de
source exécrée, abominée, qui a coûté tant d'argent et
suscité tant de colères. Je ne la défendrai pas, tout en y
puisant. Je ne veux pas me faire lapider pour ce ruisseau
souterrain, qui a fait les délices de centaines de généra-
tions, mais a eu ses malheurs ; on l'a chargé de tous les
péchés d'Israël ! Mon martyre ne le réhabiliterait pas !

On l'a dit, ce n'est pas dans ce beau pays de France,
avec ses houblonnières à l'est, ses pommiers en Bretagne
et en Normandie et ses beaux vignobles de la Loire aux
Pyrénées et de la Méditerranée à la Meuse, qu'un grin-
cheux s'insurgerait contre bière, cidre, vin et alcool de
fruits (éthylique) bien rectifié.

Bon nombre de médecins distingués, et le savant Bossu dans son « anthropologie » permettent un usage moderé de toutes ces boissons.

L'opinion des docteurs là-dessus a d'autant plus d'autorité, qu'ils sont de tristes buveurs. On disait au congrès de Paris : « Les restaurateurs en général avouent « que les banquets de médecins leur sont plus avanta- « geux que les autres, car on y boit peu ! »

Je me permets d'ajouter qu'à cause de leurs fatigues, nuit et jour, ces messieurs n'auraient peut-être pas tort de se montrer un peu moins abstinents. Ils auraient un brin de gaieté qui leur manque parfois dans leurs rudes labeurs. Qui ne sait que l'entrain rassérène et rassure le pauvre malade, dont le moral descend si bas, qui broie du noir ?

Je cueille çà et là, dans Bossu : le vin bon ordinaire, 8 à 10 degrés, pris principalement aux repas modérément, est un bon digestif. Il donne un sentiment de bien être et de vigueur. L'abstinence du vin à l'heure des repas est une infraction, fâcheuse à l'hygiène, surtout chez les femmes faibles à digestion difficile. Il pourrait combattre les maux d'estomac. Les vins forts, vins de liqueurs conviennent après le repas pour la digestion.

L'usage raisonnable du vin convient aux personnes débiles et lymphatiques, aux individus qui se livrent à des travaux pénibles, et à ceux dont l'estomac est paresseux.

Quant aux personnes des deux sexes, dont les occupations douces n'ont rien de fatigant, elles ne doivent prendre que très peu de vin ; elles peuvent s'en passer complètement.

Une bonne eau-de-vie, à petite dose, peut aussi être utile aux estomacs paresseux, mais seulement chez l'homme fait et bien portant. Elle est utile comme stimulant dans les climats froids ou très chauds, pour contrebalancer l'action débilitante du froid ou d'une chaleur excessive.

Mais l'enfant (*Maxima debetur puero reverentia*), la femme et le vieillard doivent s'en abstenir. De plus, user des spiritueux à jeun constitue la plus pernicieuse des habitudes. Tout cela soit dit des personnes en santé ; quant à l'usage des spiritueux par les malades, ce n'est pas mon affaire ici.

Je doute que le docteur Bossu ait pu ajouter sans sourire dans sa barbe : le café, boisson intellectuelle, donne de l'inspiration, procure de l'agilité au danseur et de l'esprit au penseur ; il ne convient pas aux irritables et aux nerveux. Il est bon aux lymphatiques moux, étiolés et languissants, mais doués d'organes digestifs sains.

Comment réagir contre l'alcoolisme ?

De la loi.

On a légiféré un peu partout contre l'ivresse ; la loi l'a déclarée un fait volontaire et répréhensible ; elle n'est pas une excuse dans les délits. C'est bien. Mais cette loi manque de sanction. Quand la peur de vingt-quatre heures de violon arrêtera le soifeur devant la rincette et la surrincette, il fera beau temps.

Et puis il est aujourd'hui une tendance à diminuer la responsabilité du délinquant ; on parle trop d'atavisme, d'hérédité du vice par la naissance. Oui, un enfant vigoureux naît de parents bien portants ; oui, un père, une mère malsains procréent des rejetons rachitiques. Mais l'être humain ne reçoit pas tout de ses père et mère, corps et âme. La naissance est un mystère pour la science; mais nous savons, nous spiritualistes chrétiens, que l'âme et ses facultés ont leur source en dehors de l'ordre matériel, qu'elles sont un des purs dons du Créateur, et que le libre arbitre est une de ces belles prérogatives. Arrivés à l'âge de raison, nous avons tous le choix du bien et du mal; ce n'est qu'une question de plus ou moins de fermeté dans nos décisions, suivant nos goûts, nos habitudes prises, et notre éducation; mais nous l'avons.

Cette excuse du vice par l'atavisme ou l'irresponsabilité, est très regrettable de notre temps; cette exagération hante quantité de bons esprits, et amène une indulgence scandaleuse dans l'exercice de la justice; elle absout et entretient le vice alcoolique, quand la plupart du temps l'ivrognerie ne fait que diminuer l'homme moral sans l'anéantir. Des ivrognes incorrigibles ont même étonné le monde par leurs œuvres intellectuelles. Qui n'a pas lu les contes fantastiques du buveur Hoffmann; le *Rolla* et la *Nuit d'Octobre* de l'ivrogne Alfred de Musset; les fantaisies littéraires de l'alcoolique Edgar Poë; enfin les œuvres du délirant mangeur d'opium Quincey? — Oui, l'ivrogne est responsable, et la loi le frapperait avec justice.

Pourtant un seul code a réduit l'alcoolisme; il date du viie siècle de l'ère chrétienne, sans être nullement chrétien. Le coran, cette législation du fanatisme oriental, interdit, sous des peines sévères, l'usage de toute boisson alcoolique. Et comme sous le règne de l'Islam, le chef de l'État et le pontife suprême de la religion ne font qu'un, comme la loi religieuse et la loi civile se confondent, il est aussi dangereux d'enfreindre l'une que de violer l'autre.

Aussi dans l'empire colossal des Mahométans on ne s'alcoolise pas. On sait, du reste, que le prophète Mahomet Ier débuta par faire arracher les vignobles dans toute l'Arabie.

Mais, dira-t-on, puisqu'en Orient la loi et les gendarmes ont eu raison de l'ivrognerie, que n'avons-nous recours au même procédé de coërcition pour préserver nos concitoyens de ce fléau fatal ? — Doucement !

Dans le coran, ce code de la servitude orientale, la fin justifie les moyens depuis 14 siècles bientôt. Chez nous chrétiens, toute législation qui ne reposerait pas sur la raison, la justice et la vérité, n'aurait qu'une durée éphémère. Nos tyranneaux du jour, ces pourvoyeurs de la franc-maçonnerie libertaire cosmopolite, s'en apercevront tôt ou tard. Tout ce qui est bon est *vrai*, or le vin et l'eau-de-vie rectifié sont bons par eux-mêmes ; une loi, basée sur la vérité, ne peut donc en interdire l'usage, elle ne peut qu'en proscrire l'abus ; elle le fait, chez nous, mais sans résultat appréciable.

Réclamer de l'Etat des mesures rigoureuses contre l'alcoolisme, est une grossière méprise ; et l'on avoue que l'intervention de la force pour le réprimer, n'a pas eu d'autre effet que de faire abhorrer ceux qui ont dû y recourir.

Ce n'est pas tout : M. Claude avait révélé au Sénat la gravité du péril alcoolique, disait, au congrès, M. le Dr Guichard. Mais diminuer la consommation de l'alcool aurait fait un *trou noir* au budget ; il fallait bien que le contribuable continuât à payer tout autant, et que l'électeur influent, qui trônait au comptoir de l'estaminet ou du cabaret, ne vît pas péricliter son petit commerce ; ou bien malheur aux candidats des élections prochaines ! Et, ajoute M. Guichard, il ne reste plus qu'à attendre que le peuple se reprenne contre ces infamies, ou qu'il s'endorme tout à fait dans l'abrutissement alcoolique.

Au mois de novembre, qu'a répondu mélancoliquement M. Leygues, dans l'enquête sur la crise viticole du Midi? — Qu'une des causes de cette crise était due à la diminution de la consommation de l'eau-de-vie, amenée par les protestations des congrès antialcooliques?

Lisez encore ce petit mot du D\u02b3 Baratier dans la *Tribune Médicale* : Après avoir interdit la vente de l'alcool dans les cantines, on vient de décider que pendant les grandes manœuvres (1899) qui se terminent aujourd'hui, chaque homme aurait droit à une ration d'eau-de-vie, qu'il devrait absorber le jour même de la distribution? — C'est idiot, ajoute-t-il, mais c'est comme cela.

Idiot, en effet, quand la science corne aux oreilles de l'Etat par ses mille clairons, que l'eau-de-vie ne cause qu'une excitation passagère, affaiblit et détériore.

Nos gouvernants, dans le but de maintenir plus aisément la nation sous leur joug, ne trouvent rien de mieux que de la pervertir et de l'abrutir. Sans la sobriété et les bonnes mœurs, l'homme est incapable de lutter pour ses libertés ; « si sincèrement vous vouliez calmer les passions qui les désarment, vous ne jeteriez pas l'alcool sur leurs flammes dévastatrices ».

Pour détourner ce mal rien à attendre de la loi et de la police.

Mais alors que faire?

Dans les villes de quelque importance les moyens de moraliser l'ouvrier ne manquent pas. Il y a des fondations humanitaires, des cercles populaires, des sociétés de tempérance, où l'ouvrier se trouve chez lui, est bien reçu, encouragé au bien, distrait, amusé. Mais dans nos petites villes et bourgades tout nous manque, sauf l'église qu'il ne fréquente pas assez, et de petits cercles ou réunions amicales, bien insuffisantes, mais nullement à dédaigner. Elles doivent être encouragées, soutenues et étendues.

La doctoresse miss Cherry s'est écriée au congrès de Paris : L'influence de la morale chrétienne et l'initiative individuelle sont les seules vraies méthodes pour guérir ce mal. Mais à qui plus spécialement est dévolue cette action bienfaisante, en faveur de ce pauvre dévoyé qu'est le buveur? A la famille de l'ouvrier et aux personnes aisées.

Nous devons lutter contre l'alcoolisme qui « met en « péril la grandeur et l'avenir de la Patrie. Que devient « ce trésor sacré, ce foyer de la vie nationale sous l'in- « fluence de ce vice hideux ? »

« Sans foyer, a dit Jules Simon, il n'y a pas de « famille, sans famille pas de morale, sans morale il « n'y a ni société ni patrie. »

Trois fléaux de la classe ouvrière selon Mgr Turinaz : la profanation du dimanche, l'alcoolisme, et la mauvaise tenue des ménages.

Nous, les hommes.

D'abord payons d'exemple. Évitons ce coup de griffe du sceptique Henri Heine : « Nous savons la chanson de « certains qui prêchent l'eau et boivent le vin ! »

« Soyons de passionnés amateurs d'âmes, a dit Barrès, « n'oublions pas que le monde est une vallée où l'on « fabrique des âmes. »

Oui, que ceux d'entre nous qui ont du temps et jouissent d'un peu d'influence, s'occupent de leurs pauvres voisins, incapables de lutter seuls contre leurs préjugés et leurs mauvaises habitudes, et leur fassent comprendre que l'ivrognerie les empêche de s'élever à un état supérieur, les précipite dans un matérialisme sensuel et grossier qui les dégrade, et les rend toujours plus malheureux; qu'ils se trompent surtout de croire que de boire est un brevet de longue vie, d'une heureuse vieillesse.

Ne comptons-nous pas, parmi les travailleurs buveurs, plus de veuves de 4o à 5o ans que de veufs ? Qu'il est absurde de dire que les buveurs d'eau sont méchants, etc.

L'homme du peuple, a dit l'abbé Naudet, chroniqueur de la *Justice sociale,* l'homme du peuple croit qu'il *monte,* quand il conforme les habitudes de sa vie extérieure aux habitudes de ceux qu'il considère, à tort ou à raison, comme appartenant à une classe plus élevée. Et comme les vices apparaissent d'ordinaire plus que les vertus, il copie les vices premièrement.

Rien n'est plus vrai; je crois entendre le prolétaire répondre à certains riches qui tenteraient de les détourner des plaisirs dont, eux, ne se privent guère : Vous me reprochez d'aller passer une ou deux heures avec des amis dans un endroit où il fait clair, le seul endroit où je sois libre, où l'on ne me tourmente point, où on me laisse un peu de répit; mais c'est le métier qui veut cela ! Et puis, vous en parlez à votre aise; vous n'avez pas besoin, vous, d'un caboulot à bon marché; dans vos beaux estaminets vous faites fi de mon tord-boyau. Voulez-vous changer?

Non, ne faisons point d'échange. Mais pour l'exemple, pour moraliser l'ouvrier si intéressant, fuyons le café. Car au premier rang des devoirs qui incombent aux « dirigeants » à la classe élevée par position de fortune, d'éducation ou d'emplois, se trouve le devoir de l'exemple, comme dit M. Naudet.

Vous, les dames?

Ce que femme veut.....

Dans notre bon pays, la femme est presque indemne du vice de l'ivrognerie. Nous n'avons pas de ces noceuses, de ces *fricoteuses,* qui se régalent entr'elles en l'absence des maris, font de joyeuses ripailles en plein midi, pendant qu'ils peinent à l'atelier. Mais elles boivent dru dans les faubourgs des villes, même tout près de nous, en Bretagne, en Normandie. Les rapports de certains congressistes sont désespérants sur l'intempérance de la femme. Elle boit presqu'autant que l'homme et plus effrontément. La famille n'y existe presque plus; l'immoralité et la dégénérescence y sont navrantes.

Une dame me disait dernièrement qu'un matin de passage à Tilly, près de Caen, elle était entrée à l'auberge demander un café en attendant la voiture. On lui en servit une tasse avec un carafon d'eau-de-vie aussi grand que la tasse. Étonnée elle regarda dans la salle autour d'elle, et elle vit six ou huit femmes du peuple attablées, avant l'heure du marché, avec un service tout pareil devant chacune d'elles. Évidemment c'était là le café réglementaire.

Cela me fait souvenir d'un petit bonhomme, marchand de Chalonnes, qui, il y a 25 à 30 ans, descendait le jeudi matin à l'ancienne « Croix de Lorraine ». On lui servait à son arrivée une tasse fumante avec un énorme carafon d'eau-de-vie. Mais, lui dis-je une fois, c'est trop fort pour vous, ce rouston là. — Mais non, qu'il me dit de son petit accent marseillais, c'est pour refroidir mon café ! Nos Normandes aussi refroidissent leur tasse.

Le *sage* Platon recommandait au pouvoir de préserver les « êtres tendres et délicats » de la corruption, de la sensualité et de l'intempérance.

Là-bas les mamans donnent à leurs enfants une soupe à l'eau-de-vie pour les envoyer à l'école ! Chez nous aussi,

les instituteurs se plaignent de ce que les pupitres de leurs
élèves sentent l'eau-de-vie. Le directeur d'un hospice
d'enfants pauvres racontait qu'un jour un chérubin de
4 ans tirait la jupe d'une surveillante en lui criant à tue-
tête : « Dis, Madame on ne donne donc pas la goutte ?
« chez nous maman m'en donnait. »

Il boit comme un petit homme, me disait de son marmot
en se regorgeant une maman étourdie.

Quelle tristesse !

Qu'a dit au congrès une anglaise Mme Selmer ? « Qui a
« le plus d'affection, le plus de pitié pour les misères
« humaines, l'homme ou la femme ? Je pense que c'est la
« femme. »

Laissez-moi vous citer encore deux mots de cette dame :
On nous dit ici que pour boire il y a des raisons de
climat..... C'est pourtant drôle, mes amis; chez nous on
dit bien : C'est impossible de nous passer d'eau-de-vie, etc.,
il fait trop froid ! ici, en France, je pense qu'il fait trop
chaud ! Très applaudie en terminant, cette fière tantine
d'outre-Manche riposte : si tous ces applaudissements
veulent dire que vous êtes de mon avis, j'en suis charmée.

Demandons le remède aux dames, puisque c'est la
femme qui « *a la plus grande pitié* ».

En pays non chrétien, je l'ai dit dans un autre opus-
cule, la femme, très malheureusement, ne compte guère.
Tant qu'elle est jeune, sa séduction, sa finesse innée la
mettent un peu à l'abri de l'oppression. Mais l'âge de
plaire écoulé, souvent son sort est pire que celui du chien
de son seigneur et maître. Contre elle, la force prime le
droit naturel. En tout cas, elle n'exerce aucune influence
autour d'elle.

Mais dans les pays chrétiens, surtout dans la patrie
bénie de Geneviève, de Jeanne d'Arc et de Jeanne

Hachette, si la femme voulait, si elle voulait ferme tirer
parti, pour le bien général, de sa situation légale, de ses
vertus, de son esprit et de son cœur, elle préserverait la
société dévoyée des écarts désastreux qui la font som-
brer de plus en plus.

« Heureux celui qui croit, a dit le regretté Père Didon,
« plus heureux celui qui aime. »

La femme peut tout pour notre bonheur commun. Si
l'amour irrésistible, car « l'amour, c'est la force », n'est
pas le maître du monde, c'est que la femme ne comprend
pas. Oh ! ce ne serait pas dans la fausse indépendance
que ses ennemis lui prêchent, dans l'union matrimoniale
libre, ce rêve malsain du féminisme athée, qu'elle garde-
rait sa force morale et sa grandeur (1). Ce sera en se
coalisant résolument avec son mari, son fils ou son frère,
hommes de bonne volonté, et ils ne manquent pas,
qu'elle sauvera nos mœurs et nos libertés compromises.

Honneur aux valeureuses, qui, dernièrement un peu
partout, sont descendues dans la rue, au mépris de
graves dangers, pour protester en faveur des écoles religieuses. Que la France s'honore de cent mille dames
Reille et elle reprendra bientôt son premier rang en
Europe.

L'alcoolisme, ce fléau des familles, ne peut pas non
plus les laisser indifférentes ; c'est la femme chrétienne
qui nous tirera de l'alcoolisme comme elle nous fait
rougir de bien d'autres vices.

Il faut que les femmes aisées mettent leur intelligence

---

(1) On lisait dernièrement dans le journal la *Fronde féministe*
cette question abracadabrante : « Quelles ont pu être les raisons des
« législateurs, quand ils ont inscrit dans le Code civil le devoir de la
« fidélité pour les époux ? »

et leur cœur dans cette œuvre de bienfaisance. Qu'elles sortent de leurs maisons confortables, pour visiter le foyer de l'ouvrier ; qu'elles conseillent sa femme et ses filles, qu'elles les aident de leurs deniers à remplir leur humble et sainte mission de chaque jour.

Le sacrifice est un dernier moyen nécessaire au succès de cette œuvre, sacrifice de temps, sacrifice d'argent. « On ne peut rien faire d'utile sans se donner et se « dévouer...

« Toute personne qui veut accomplir cette belle mis- « sion, doit se résigner à porter au cœur une blessure, « et au front une couronne d'épines... »

Le ménage de l'ouvrier

Chez l'ouvrier, supprimez l'influence douce et forte de la femme, souvent tout est perdu. Dans notre contrée privilégiée, la femme de l'ouvrier appartient à une famille de braves gens ; elle a été bien élevée, dans des principes chrétiens, qu'elle garde précieusement comme sa meilleure sauvegarde. Elle est souvent plus instruite que l'homme ; joignez à cet avantage un fond de finesse naturelle, qui la fait exceller sur le sexe laid. Mais entourée d'enfants qu'elle élève dans une grande gêne, vivant de privations, malgré tous ses efforts ne pouvant souvent joindre les deux bouts, elle bataille péniblement pour se maintenir au rang de ses voisines, toujours menacée de succomber à sa tâche. Si à ces difficultés s'ajoutent une santé peu robuste, des maladies et parfois les brusqueries et les querelles d'un homme déraisonnable et dépensier, comment pourra-t-elle imperturbablement conserver son courage et sa dignité ?

De plus, la femme jeune, surtout, et la fille d'ouvrier, bien souvent, ne savent pas tenir une maison. Elles ont, hélas ! appris tout autre chose à l'école, au travail et à l'atelier. « La destinée de la femme, disait au Congrès « l'illustre évêque de Nancy, n'est pas d'égaler l'homme « par la science et de remplir toutes les fonctions. La « véritable grandeur de la femme, son royaume, c'est le « foyer domestique, sa mission c'est d'être épouse, mère « de famille et maîtresse de maison. Il y a ici des doc- « toresses, je le sais, je m'incline devant elles ; mais elles « seront d'autant plus appréciées, d'autant plus remar- « quables et remarquées, qu'elles seront l'exception. « Vous ne savez pas quels désordres, quelles ruines, « quels désastres apporte dans la famille de nos ouvriers « la mauvaise tenue des ménages ! »

Oui, parfois, tout va mal au logis ; la maison manque d'ordre, les repas sont mal apprêtés, en retard ; les vêtements et le linge sont en loques, les enfants sont mal soignés : incultes et maussades, ils manquent d'obéissance, de respect et d'affection. De là la répulsion et l'éloignement du père, qui va chercher au dehors une diversion à ses ennuis.

Mais encouragée, aidée, et même éduquée, la femme arrivera, par sa patience, ses soins et sa tendresse à ramener son homme près d'elle, où il se trouvera si bien, la tête saine et le cœur reposé.

Tel doit être l'idéal de la femme. La bonne tenue impressionne le mari, lui commande l'estime. Car la correction de vie lui donne une autorité à laquelle l'homme ne tente pas longtemps de résister. Il fera d'abord des promesses qu'il violera outrageusement ; bientôt il prendra d'autres résolutions qu'il tiendra un peu mieux. Enfin, il sera homme de parole.

L'ivrognerie est une sorte de gourmandise, qu'on est d'autant plus porté à satisfaire, qu'on est mal à l'aise, poignardé par le besoin. Si boire est une passion, qu'on n'oublie pas qu'une passion ne se *supprime* pas, elle se remplace ! Un bambin tient en main un objet dangereux, si vous le lui arrachez, c'est un carillon ; remplacez-le par un jouet agréable, votre procès est gagné.

L'ivrogne est un grand enfant !

Qu'on aide la femme d'ouvrier, qu'on lui apprenne, s'il le faut, à améliorer sa table par des mets peu coûteux, bien préparés, prêts à l'heure, de bonne soupe, des légumes abondants, etc., que le tout soit assaisonné de bonnes paroles et d'un peu d'entrain.

Voilà de ces gâteries qui *remplacent*, à la longue, la passion de boire.

Michelet causait un jour avec un ouvrier ; il lui parlait de la femme, de son rôle dans la société : — J'ai bien compris, dit l'ouvrier, la femme, c'est le dimanche de l'homme ! « Naïve, grossière, mais touchante expression « de ce que la femme, même dans le cadre d'un pauvre « ménage, porte en soi de poésie vraie, de poésie « vécue ! »

Non, il y a peu d'hommes de force à résister longtemps aux gâteries d'une femme, bonne et dévouée. Qu'elle comprenne bien qu'il ne faut pas que le mari s'ennuie *chez lui ;* qu'il faut que son foyer le délasse des fatigues, des contrariétés et des déceptions de l'atelier. Quand la femme le veut, tout est partagé à la maison : joies, peines, travaux, délassements, soutien mutuel, dévouement, religion sainte, résignation dans les épreuves, confiance dans l'avenir, estime publique.

Qui ne sait que le seul moyen de tirer l'ouvrier de l'ivrognerie, est de lui faciliter une vie honorable, de le moraliser, de le rechristianiser. Son foyer doit être un asile doux et béni. Tel est l'idéal du ménage ouvrier.

Je me plais à dire que le tableau sombre que j'ai dû tracer de l'alcoolisme ne concerne pas beaucoup de familles de notre chère contrée. Ce canton conserve ses bonnes habitudes de religion, de travail et d'union familiale. Si je publie ce travail, c'est plutôt pour faire toucher du doigt à mes concitoyens les dangers de l'abus alcoolique et les encourager à persévérer dans cette vie d'ordre qu'ils ont héritée de leurs braves ancêtres.

A Chemillé, recommander les déshérités aux personnes charitables, c'est un peu prêcher des converties. On ne compte pas de grandes fortunes dans la commune, on y est même de moins en moins riche. Mais la charité y est traditionnelle depuis longtemps ; c'est une vertu léguée par plusieurs familles dont la disparition presque complète devrait être regardée comme un deuil public. Leurs œuvres nous restent : chauffoir, ouvroir, vente dite de l'Enfant-Jésus, pain de Saint-Antoine, distribution de pain et de bois, charité à sa porte. Le pauvre est bien secouru ; la mère soigne sa famille, même nombreuse, parfois sans travail au dehors, et tout le monde vit, bien que chez certains le père ne fasse qu'un travail irrégulier et boive beaucoup. Mais c'est quelquefois le plus secouru, le plus nourri, le plus vêtu, qui crie le plus haut que la charité est mal faite à Chemillé, qu'on s'en acquitte avec une injustice révoltante.

Conclusion

Gens aisés et pauvres, jeunes et vieux, abstenons-nous de l'abus alcoolique et combattons-le de toutes nos forces.

N'oublions point l'anathème porté contre ceux qui scandalisent les enfants et les humbles.

Pensons à l'avenir, comme dit le délicat poète Lahor :

« Pour que vos actions ne soient ni vaines ni folles
« Craignez les yeux futurs de vos enfants ! »

Dans ces temps difficiles, il ne s'agit plus de vivre à l'aventure, en prenant la même devise que le roi des Truands :

Ton nez va devant, suis ton nez !

Qu'enfin tout le monde se dise :
L'alcool, voilà l'ennemi !

P.-S. — J'ai dû m'inspirer pour cette étude, du septième congrès antialcoolique tenu à Paris en 1899. Je dois la communication de son rapport à l'obligeance de M. Buret, instituteur à Melay, membre de la ligue antialcoolique ; je l'en remercie bien sincèrement.

Quinze cents congressistes, au bas mot, s'étaient donné rendez-vous, à ces réunions de toute l'Europe et des Amériques.

Là, savants, médecins, membres des clergés catholique et protestant, philosophes de toute nuance, académiciens, professeurs, instituteurs, doctoresses, dames du monde, dans des discours français, anglais et allemands, ont débattu, avec autant de talent que de généreuses inspirations, la grave question d'enrayer l'alcoolisme, si désastreux pour tout le monde, et surtout pour l'ouvrier et sa famille.

A coup sûr, ce congrès se composait en grande majorité de libres penseurs. Il n'en a pas moins invité le clergé à des exhortations antialcooliques, en chaire, au catéchisme, dans toutes les réunions pieuses, dans les visites aux paroissiens, dans les écoles libres et chez les instituteurs laïcs intelligents, sages et dévoués. Dans ses séances la tolérance a été absolue. L'évêque de Nancy s'y est fait applaudir, en rendant compte du zèle de son clergé dans ses œuvres contre l'ivrognerie : « Je ne « vous ferai pas un sermon, a-t-il dit, pas même un prône, « quoique vous méritiez si bien d'être prônés ! »

Mgr Savoy me paraît même avoir accompli un vrai tour de force : Sous prétexte de citer sainte Geneviève, comme abstinente totale de vin, il s'est fait écouter, sans protestations, en retraçant l'histoire de la patronne de Paris, ses œuvres, sa piété angélique et ses épreuves ; et il l'a suivie jusqu'à sa mort, à 89 ans.

Figurez-vous un tel *speech* au corps législatif ; quel tonnerre de cris, quelle dégringolade de la tribune ; l'exécution eût tourné au tragique ! Il est vrai que le congrès se composait de savants et d'hommes de bien, tandis que la Chambre...

A la clôture du congrès, notons une aventure drôlatique essuyée par les *hautes* et scientistes dames de la *fronde féministe*.

Ces sans-dieu enjuponnés avaient invité le Congrès à une réception solennelle dans les « salons » de leur journal. — Refus poli. — Quelle belle réclame ratée pour leur « carré de papier » !

DU MATÉRIALISME
DE NOS MAITRES DU JOUR

> « Nous sommes en ce moment en présence d'une entreprise monstrueuse contre les intelligences. »
>
> *(Journal des Débats*, peu clérical, juillet 1902.)

> « Quiconque ne base pas sa vie sur la religion est un homme perdu. »
>
> (Discours de Guillaume II, protestant, à Aix-la-Chapelle, juin 1902.)

Puisque j'ai pris la liberté grande de m'adresser de nouveau à mes concitoyens du canton, qu'ils me laissent ajouter quelques réflexions, comme complément à la démonstration qui fait le fond de mon petit livre de l'an passé.

Je m'efforçais de rendre clairs les dangers que présente l'enseignement officiel, cette prétention de former nos enfants en dehors de la foi en Dieu, de son action incessante et nécessaire parmi nous, en dehors de la morale évangélique à laquelle on substitue une morale naturelle dite civique, dont les résultats pour l'enfance sont lamentables.

Je disais que les grands maîtres de l'instruction publique, grisés par les progrès merveilleux des sciences naturelles, veulent qu'on s'en contente pour la formation de la jeunesse et la détourne de l'étude des causes supérieures du monde visible ! Seule la matière, qu'ils ne peuvent même définir, mérite de fixer l'attention ; pas besoin de chercher au-delà.

Comment l'impie, féru de science, procède-t-il pour faire croire que Dieu n'existe pas ? — En établissant, par des preuves dont le public est incapable de voir la fausseté, que tout s'est fait seul dès le principe et se fait toujours sans son aide, sans sa volonté, sans son ordre. Ainsi l'homme, lui, imagine et fait tout ce qu'il peut ; mais tout ce qui surpasse son industrie, son génie et sa puissance, se fait naturellement, tout seul. La matière, ce qui est visible, sensible, recèle en son sein les causes efficientes qui produisent toutes les merveilles de l'univers visible, tous les êtres, y comprise la vie, y comprise l'intelligence humaine avec ses facultés : pensée, sensibilité, mémoire, volonté, raison. Car enfin, on ne donne pas ce qu'on n'a pas. Si la matière produit, toute seule, tous ces phénomènes qui frappent nos regards, d'une portée incommensurable, infinie, il faut bien, de toute nécessité, qu'au moins elle les possède en elle-même, en germes ; et ces germes doivent se développer seuls et sans cesse depuis le commencement, sous l'impulsion de lois générales sans auteur. Une loi sans législateur, trouvez-moi cela ! Ces lois, les matérialistes se sentent forcés de les dire inéluctables, sans commencement, fatales et nécessaires. C'est diviniser la nature, c'est faire de ces lois incréées d'innombrables dieux ou puissances aveugles sans directeur, répandre sur les causes premières une nuit profonde. A la place du Tout-Puissant, des millliards de dieux, les lois et les forces de la nature qui se gouvernent seules, sans auteur et sans maître.

Dans ces conditions, quel serait le rôle d'un Dieu, créateur et régulateur du monde? Ce rôle serait forcément sans raison d'être, inutile, nul. Lâchons le mot : Dieu serait impossible, donc Dieu n'existe pas ! Voilà où en arrive hardiment cette science matérialiste, qui entend former ou plutôt transformer la génération présente ; voilà le lait doctrinal officiel qui doit nourrir nos enfants, en faire des gaillards terriblement émancipés, sans Dieu ni maîtres.

Rien n'existe que le monde visible, que ce qui frappe nos cinq sens : c'est ce que proclament hautement et font enseigner à nos enfants les maîtres que nous subissons, pour la première fois depuis que le monde est monde.

Pour une nouveauté, c'est une nouveauté ! Et le public, mal préparé à une aussi étrange découverte, croit bien difficilement à tant d'audace ; il lui répugne trop d'admettre qu'on ose tenter de substituer à la foi chrétienne une doctrine matérialiste pseudo-scientifique. Et c'est un grand malheur, car s'il y voyait clair, il s'en défendrait comme du voleur prêt à le dévaliser.

Tant que nos savants, démolisseurs de l'empire du Ciel qu'ils dédaignent, n'auront pas démontré nettement l'origine de la matière et d'où viennent la pensée et les forces de la nature, y comprise la vie, ils n'auront rien fait contre le Créateur. Ils en sont encore là, malgré tous leurs travaux.

On rencontre de plus en plus, parmi les plus intelligents des libres-penseurs, des aveux qui doivent bien les gêner.

Si, à Paris et ailleurs, il y a un an, ils ont célébré avec tant de pompe et à nos frais le centenaire de Victor

Hugo, ce n'a pu être pour rendre hommage aux pensées, aux convictions du grand poète, mais bien plutôt au mépris qu'au déclin de sa vie, alors déséquilibré, il avait affiché contre toute religion positive... Quand il se sentit tout près « de désencombrer l'univers », comme il disait à ses amis, il repoussa, pour ses obsèques, les honneurs de tout culte religieux.

On se rappelle encore les pompes funèbres, laïques et retentissantes par lesquelles la badauderie parisienne y avait suppléé.

Et pourtant il n'était point matérialiste comme ses adulateurs ; tout au contraire, il était un spiritualiste parfois sublime.

En novembre dernier, M. Paul Meurice a publié une œuvre posthume de Victor Hugo, intitulée : *Le Post-scriptum de ma vie*. On y lit :

« Naître, c'est entrer dans le monde visible ;

« Mourir, c'est entrer dans le monde invisible.

« De ces deux mondes, lequel est l'ombre ?

« Lequel est la lumière ?

« Chose étrange ! Le monde lumineux, c'est le monde « invisible ; le monde lumineux, c'est le monde que nous « ne voyons pas, nos yeux de chair ne voient que la « nuit. »

« Oui, la matière c'est la nuit. »

C'est complet.

Parbleu, dirait Machin, quand les matérialistes veulent fêter un grand homme, il faut bien qu'ils le prennent hors de leurs rangs.

L'athéisme est un jardin aride où se nourrit mal cette plante merveilleuse qu'est le génie.

Je tiens là, mes amis, un langage bien nouveau pour vous, mais si j'arrive à une démonstration claire, évidente à tous, je dissiperai des erreurs qui courent la rue et démoralisent l'esprit public.

Quand je parle à de pauvres gens, je trouve presque des désespérés : « ils ne comptent sur rien ; c'est le malheur qui le veut ; ils n'ont pas de chance ! » S'ils savaient pourtant que leurs peines sont toujours causées par leur faute ou par la permission de la Providence pour les éprouver passagèrement, que tout a sa cause, leur désespérance cesserait.

Vous me pardonnerez des redites, l'importance de ma thèse sera mon excuse.

Les matérialistes, dont la doctrine perverse bouleverse le monde intellectuel de notre temps, doctrine imposée à l'enseignement par les francs-maçons, maîtres du pays, les matérialistes disent : le monde n'a été fait par qui que ce soit. — Comment ?

On ne sait pas.

Il n'y a pas de Dieu, l'homme ne lui doit donc rien. D'où suppression de tout culte public comme inutile. L'homme abandonné à lui-même, sans autre ressource que la lutte pour la vie, d'où morale indépendante et tous les désordres qui s'en suivent.

C'est biffer d'un trait tout ce qui fut le soutien et la consolation de l'homme, le Créateur, le divin Sauveur, son amour, la Providence, les meilleures joies de la vie, tout espoir de l'au-delà.

C'est placer au fronton de nos maisons la sentence que Dante met à la porte de l'enfer : Laisse là toute espérance !

Un beau jour le monde se serait trouvé tout fait, sans avoir été causé ni créé par quelqu'un ?

Et un tas de bonnes gens ne savent qu'en penser. Essayons de leur faire toucher du doigt la chose.

Pas d'effet sans cause.

Un fait a lieu. Première question : Qui a fait cela ?

Pourquoi cette question ? Parce qu'on SAIT que rien ne se fait tout seul ; parce que l'acte dénonce l'*être* en acte. L'être vivant seul est doué d'acte, est la cause efficiente d'une chose, d'un fait. A côté de la matière inerte, inactive, il n'y a dans l'univers que l'être vivant. Si donc un acte n'est pas l'œuvre de la main de ce dernier, l'être vivant, du moins, l'a voulu et l'a mis dans les *conditions indispensables* à avoir lieu.

Le mécanicien ne pousse pas sa machine de ses bras, mais il la met dans les conditions à se mouvoir ; *il le veut*, et c'est tout un.

Pas d'effet sans cause, c'est un principe si vrai qu'il est répété par tout le monde ; il est accepté par toute philosophie saine, par la théologie, et, plus près de nous, par la mécanique. La vraie science y croit si bien qu'elle recherche les *causes* en tout avec une opiniâtreté qui l'honore ; c'est à cette recherche qu'elle est redevable de ses plus belles découvertes. « Heureux qui peut connaître les causes des choses », a dit le poète. Ce qui prouve, entre parenthèses, que ces mots : hasard, veine, déveine, fatalité, c'est-à-dire faits sans cause, n'ont aucun sens ; ils cachent notre déconvenue ou notre paresse à rechercher les causes.

Il n'est pas rare que la cause d'un mouvement ou d'un fait soit inconnue. Ou vous en êtes le moteur inconscient, ou quelqu'un l'est à votre place ; pour cent mille raisons qui échappent à votre perspicacité, de toute nécessité un être actif est derrière ce fait, puisque rien ne se fait tout seul. — Mais, c'est une simple force qui a seule agi ? — Mais non, puisque dans la nature une force, quelle qu'elle soit, n'est rien sans son moteur *vivant*. Et n'oubliez pas que la vie est l'attribut exclusif de l'immatériel, de l'invisible, de l'esprit.

L'oubli de ce principe élémentaire nous fait dire quantité de sottises.

Ainsi tout fait a été causé par quelqu'un. Le monde visible, sensible, a eu un commencement ; voilà un grand fait sur lequel toutes les sciences sont d'accord.

Il ne s'est pas fait lui-même, il aurait agi avant d'exister, ce qui ne peut être.

L'homme ne l'a pas fait.

Il a pourtant été fait par quelqu'un. Mais on ne l'a jamais vu ?

Dites donc que l'auteur du monde est mystérieux, *invisible*. Mais nier l'existence de cet auteur nécessaire, n'est-ce pas faire comme l'aveugle qui, brûlé par un soleil d'été, crierait : il n'y a pas de soleil !

Nier le Créateur, c'est nier la création, c'est avancer une énormité, une colossale ineptie.

Le monde a donc bien été créé par l'esprit invisible. Dans ce monde créé, deux choses bien distinctes :

1° La matière, c'est-à dire ce que nous voyons, ce qui nous frappe, ce qui affecte nos cinq sens. La matière, c'est, vous le savez, terre, eau, air, éther, calorique, lumière, électricité, magnétisme, voilà à peu près toute la matière.

2° Les grandes choses qui modifient, transforment, animent la matière et qui sont :

1° Les formes qui font distinguer un objet ou un être d'un autre objet, ou être.

2° La vie, cette grande force.

3° Les forces motrices qui se manifestent par le mouvement, l'attraction, la cohésion et l'affinité, etc.

Et c'est tout.

Serait-il exagéré de dire que, sans toutes ces grandes choses qui modifient la matière, la matière ne serait rien qui vaille ?

Et puisque la matière est enseignée par la science comme inerte, inactive, *morte*, il est bien clair que toutes ces grandes choses : vie, forme, force, mouvement ne viennent pas d'elle, puisque elle s'en passe bien, puisqu'elle existe sans cela (terre, caillou, bois sec, tout le règne minéral), mais qu'elles lui sont ajoutées ; que tous ces phénomènes, si vous aimez mieux, sont au-dessus de la matière, sont *immatériels*, sont produits par l'esprit invisible, sont dûs à son énergie propre, sont pensés, voulus, émis par l'Esprit.

Sans doute l'action directe de l'Esprit sur la matière est un mystère ; mais c'est un fait facile à constater, que du reste j'ai établi clairement l'an passé. Je n'y reviendrai pas.

Tout mouvement conscient de l'homme n'est-il pas dû à l'impulsion instantanée de la volonté sur les membres du corps ? Et vous savez bien que la volonté est une faculté de l'esprit.

Si l'esprit de l'homme commande *naturellement* à la matière de son corps pour le mouvoir, comment les Esprits, les essences spirituelles supérieures à l'homme n'auraient-elles pas bien mieux la faculté *naturelle* d'agir à leur gré sur l'univers sensible ?

Puisque ces phénomènes immenses de vie, de forme et de force ne sont pas le fait de la matière inerte, s'ils n'étaient pas produits pas l'*Invisible*, ils ne seraient causés par rien. Ce qui serait du dernier absurde.

En niant l'existence de l'Esprit invisible les matérialistes s'acculent, en cette grave question, dans une impasse risible, d'où ils n'essaient même pas de sortir. Ils répondent qu'ils ne savent pas.

Est-ce scientifique une aussi misérable défaite?

Est-ce en professant cette ingnorance crasse mais hélas volontaire, qu'on fera progresser nos enfants?

Dans la nature, au-dessus de notre puissance, tout est sous les ordres des intelligences supérieures, de même que, dans l'industrie et les arts, tout est sous la puissance intellectuelle de l'homme.

Voici une statue du prix de 10.000 francs, qu'est-ce qui vous frappe? une pierre et une forme appliquée, une idée. Là, si l'esprit de l'homme n'avait pas *conçu* un plan et commandé à sa main et à son ciseau, il n'y aurait qu'un bloc de marbre de cent sous à peine, au lieu d'un objet de 10.000 francs. Là l'immatériel est donc tout.

Avec deux sous de fil, Madame, un plan idéal et l'impulsion *volontaire* de vos doigts agiles, vous faites une dentelle de 500 francs. Et ce ne serait pas un esprit créateur, hôte des cellules de votre tête éveillée, qui produirait cette petite merveille? Sans un idéal feriez-vous avec ce fil une jarretière de quatre sous?

Votre cheval vaut cent pistoles; il tombe foudroyé. Ce beau ross, comme dirait l'Allemand, que vaut-il désormais?

Vous en tirerez à peine vingt-cinq francs, et encore, hâtez-vous. Et pourtant c'est bien la même bête : même volume, même poids, même couleur, même forme encore. Il n'a pas perdu un atôme de substance, impossible aux matérialistes de prouver le contraire; ce qui lui manque n'est donc pas de la matière, puisque sous ce rapport votre propriété est intacte.

Il a perdu le souffle immatériel, la vie, l'invisible, tout !

Rien dans la nature n'a de prix que revêtu du souffle spirituel.

Conclusion enfantine : Tout vient de l'invisible !

Mais qu'est-ce donc que l'invisible ?

Dans tous les temps, dans tous les lieux, chez tous les peuples, même chez les sauvages, il s'est appelé : Dieux, esprits, âme humaine ; c'est le créateur, *per quem omnia facta sunt*, par qui tout a été fait, que nous saluons et adorons pour la perpétuité de ses œuvres, et pour l'immensité de ses bienfaits.

Mais non, dit le matérialiste, notre grand maître du jour, c'est la *nature* qui a tout fait.

Encore une équivoque, et pas la moindre.

Qu'est-ce que c'est que cela, la nature ?

Est-ce un être bien vivant, la nature, capable d'agir comme l'est *seul* l'être vivant ? Cet être, qu'on ne définit pas, serait donc l'auteur du monde visible.

L'avez-vous vu ? — Non, personne ne l'a vu. — Ce serait un être invisible, un esprit, et pas le premier venu, certes. Ce serait un bien puisant esprit ; mais le matérialiste n'en veut pas, des esprits.

J'ouvre le dictionnaire de Littré, et je lis au mot *nature* : « C'est l'ordre dans l'univers ». — Mais l'ordre établi par qui ? Vous savez bien que rien ne se fait seul ; pas d'effet sans cause, pas de fait sans un être agissant.

On dit aussi *suivre* la *nature* ; c'est-à-dire s'abandonner à cette existence si facile, presque instinctive, aux mouvements souvent dépravés, contre lesquels doit s'insurger tout homme jaloux de sa dignité.

Les matérialistes connaissent cette vie de nature, et ils la conseillent à nos enfants.

Bref, la nature c'est le monde visible créé, créateur de rien. C'est faire confusion à plaisir.

Une autre difficulté insurmontable pour les positivistes, c'est l'origine de la pensée, de cet acte perpétuel de l'esprit invisible.

Qu'est-ce que la pensée ?

La pensée est un *être,* comme a dit Platon, un être agissant comme tout être ; ou bien elle est simplement un acte de l'être pensant.

Si la pensée était un être, était quelqu'un, comme elle est en nombre infini, comme elle est légion, le cerveau serait hanté, par des millions d'êtres agissant en tout sens ; quel mauvais ménage ils feraient en cet étroit espace ! Vous figurez-vous de quel désordre, de quelle anarchie le cerveau serait le siège ? Vous voyez donc bien que la pensée n'est pas un être actif, elle n'est qu'un acte de l'être pensant.

Les matérialistes sont bien obligés de proclamer comme nous, le règne sublime de la pensée, mais la font procéder du cerveau, de la matière. — La pensée, disent-ils, provient des vibrations du cerveau *vivant.* — Je vous vois venir. Ce ne serait pas la matière *inerte* du cerveau qui élaborerait la pensée, ce serait la vie dans le cerveau. Mais, je le répète, le vie est un acte, l'être seul agit, et la vie n'est pas plus quelqu'un que la forme et la force ; elle n'est qu'une manière d'être du monde visible. On dit : un homme vivant, comme on dit un homme grand, petit ; la vie n'est donc qu'un *qualificatif*, comme la beauté, etc... ce n'est dans la nature qu'un attribut immatériel ajouté à la matière.

Ces Messieurs, en attribuant la pensée à la vie et non à l'esprit, font confusion ; ils prennent le parfum pour la fleur ! L'acte prouve l'existence de l'être, comme la tour

Eiffel prouve l'architecte ; la pensée est un acte de l'esprit, donc l'esprit existe ; et, en niant l'esprit, les matérialistes se condamnent à l'ignorance absolue de l'origine de la pensée. — Mais enfin l'esprit chez l'homme ? — Eh bien, c'est l'âme, c'est le moi, c'est ce qui en moi vous parle bien ou mal, avec ou sans *esprit*, hélas ! agrémenté de quelques kilogrammes de matière.

La vie, parlons-en :

La vie est une qualité, une propriété de l'esprit qui seul la donne, ainsi que la forme, aux êtres de la nature, en animant tout de son souffle bienfaisant.

La vie, sans doute, est un problème redoutable, un de ces mystères comme la science positive en rencontre à chaque pas.

Mais le spiritualisme a levé une partie du voile qui couvre ce grand mystère.

Je viens de lire un article magistral de M. A. Dastre, dans la *Revue des Deux-Mondes*. L'auteur repasse là-dessus les diverses opinions des savants de l'antiquité, du moyen-âge et de notre temps. Contradictions perpétuelles, « autant de têtes, autant d'avis ! »

Thalès, Anaxagore, Démocrite, comme Descartes, disent : « Le corps vivant est une simple mécanique ; la forme du corps vivant est une conséquence de sa composition chimique. »

Là, c'est l'intro-mécanisme qui réduit le monde vivant au jeu des forces physiques.

Bordeu dit de la vie : « La vie est un animal dans un animal ?? »

Tylor : « Le corps vivant est une maison habitée, le corps mort est une maison vide. »

Aristote dit mieux : « L'âme est placée dans le corps comme un pilote sur un vaisseau. »

La grande encyclopédie du xviii⁰ siècle n'en cherche pas si long : « La vie est le contraire de la mort !... »

A qui le dites-vous, ô puits de science ! « Les écoles « de notre temps se *sont interdit* de pénétrer dans « le monde de l'âme, en face des difficultés et des « objections spiritualistes ; parce que, comme observa « Armand Gautier, la *vraie science* ne saurait rien affir- « mer ni nier au delà des faits observables, de ce qui « frappe les yeux. »

Mais, monsieur Gautier, il n'y a pas pour l'intelligence que votre science basée sur le visible. Avez-vous le droit de ne compter pour rien la philosophie et la théologie, ce grand enseignement des âmes d'élite ? Vous faites un peu comme ce marchand d'orviétan qui, confiant en sa panacée pour tout guérir, ne veut pas qu'on lui parle d'autres drogues. Ah ! mais non !

Vous ne voulez pas chercher la vie là où elle est, dans l'*invisible* esprit, vous ne la trouvez nulle part.

J'aime mieux cette citation de Chauffard : « L'homme est fait une âme vivante. »

Le grand Bossuet tranche la question d'un mot : « L'âme et le corps forment un tout naturel. »

Virgile a dit : « L'esprit met en branle la masse humaine ». (*Agitat molem.*)

Et le *bon* La Fontaine : « Un esprit vit en nous et meut tous nos ressorts. »

Saint Thomas ne sera jamais dépassé quand il reconnaît un triple rôle à l'âme humaine. Il distingue dans l'âme trois puissances qui dirigent : la vie organique (dite végétative aujourd'hui), la vie sensitive et la vie intellectuelle.

Tout y est ; c'est bien là la véritable vie. La vie est le plus beau et le plus nécessaire attribut de l'esprit ; elle lui est indissolublement liée ; seule elle manifeste l'esprit dans la nature. On comprendrait mieux un feu de forge sans chaleur que l'esprit sans la vie. L'esprit rayonne la vie, comme le soleil fait vibrer la lumière. En sorte qu'on serait tenté de dire : l'esprit c'est la vie !

Et la pensée découle naturellement de l'esprit vivant, comme la pluie bienfaisante tombe du nuage.

Quant au cerveau vivant, il n'est que chair, que particules matérielles, non pas animées (l'esprit seul anime, puisque seul il agit), mais heureusement modifiées par la vie.

Nos maîtres du jour, les matérialistes, pourraient aussi bien faire sortir la raison et le raisonnement du cerveau vivant de l'âne que du cerveau vivant de l'homme. Ces deux cerveaux sont la même substance, la science n'en doute pas.

Mais enfin l'âne n'a pas le don de la parole ? Belle raison ! De pauvres disgraciés de la nature, des aveugles, des sourds-muets, ne nous étonnent-ils pas souvent par l'étendue de leur science ? Allez voir l'école de Mlle Mulot.

Parce que le cerveau est le siège de la pensée il la produirait ? Ne voyez-vous pas que pensée et chair sont de nature essentiellement opposée ? Aussi bon dire que le génie de Newton est éclos d'un caillou, et que d'un peu de poussière minéralisée ont procédé les hautes conceptions politiques et militaires d'un Napoléon Ier.

La vie est force, lumière et beauté. Plus la vie est intense dans un être, plus elle jette d'éclat.

Voyez cette rose à la corolle entr'ouverte : quelle fraî-
cheur, quelle lueur vivace ! ses pétales aux nuances
tendres et graduées vous éblouissent, son parfum vous
enivre ; c'est la reine rayonnante du parterre.

Si la vie se retire, la voilà fanée, flétrie, ses rayons
sont éteints, ce n'est plus rien.

Chasseur, observez ce chien en arrêt ; son œil étin-
celle. Sans bouger il tourne lentement de votre côté sa
tête intelligente pour vous dire : Arrivez ! — Quel langage dans ce *geste* silencieux, quelle vie !

Cet oiseau qui vous regarde sur sa branche flexible,
vous ne l'avez pas aperçu qu'il est déjà loin. Ses ailes
miroitent aux feux du jour en battant l'air. Il semble
vous défier de son œil brillant ; sa vie éclate en cris
joyeux. — Lumière et beauté !

Et l'homme, chef-d'œuvre du monde visible, qu'est-il
dans l'épanouissement de sa force et de ses grâces ? Plus
il est jeune et vivant, plus sa beauté resplendit.

La jeune fille vive et gracieuse est irréprésentable (par-
don !) ; elle fait le désespoir du sculpteur et du peintre.

Et l'enfant ? Ses traits vifs et divins vous ravissent et
défient aussi le pinceau le plus habile. Tout en lui est vie
et joie, c'est une émanation animée du ciel ; si la vie le
quitte, c'est une étoile éteinte, c'est un beau rêve évanoui
au cœur d'une mère inconsolable.

Dans sa perfection l'homme fait vous frappe, vous
éclaire et vous commande le respect. Son génie illumine
le monde intellectuel.

Il est d'autant plus beau, d'autant plus éclatant que ses
yeux, « ces fenêtres de l'âme », passant au-dessus de la
boue terrestre, se portent de préférence vers les cieux.
Quand il meurt, il n'est plus qu'une épave lamentable,
le désespoir de ceux qui l'approchaient et l'aimaient.

Oui, la vie est lumière et beauté ; et plus un être est puissant, puis il rayonne de splendeur. — Aussi, est-il dit en théologie, que l'esprit pur, sans entrave matérielle, dont la puissance est presque infiniment plus grande que celle de l'homme, est tellement vivant et lumineux, que, s'il lui était donné de revêtir une forme matérielle, qui rendrait pleinement son éclat de vie et de beauté, nous verrions cet être nouveau, mais nous en mourrions d'émotion. Ce serait une gloire qui nous éteindrait. (Alfred Van Mons).

Voilà la vie !

La vie prouve le Créateur. Depuis plus d'un demi-siècle les savants les plus éminents se livrent à des travaux considérables, pour établir qu'il n'en est rien, que la matière produit la vie naturellement. Dans un livre aussi savant que documenté. « Les malheurs de la philosophie contemporaine », le P. de Bonniot prouve l'inanité des efforts, là dessus, des hommes tels que Amstrong, Cl. Bernard, Gernez, Haechel, Darwin, Huxley, Dubois-Reymond, W. Thomson, Errera, et d'autres. Et en un second article dans la *Revue des Deux-Mondes* (octobre 1902), M. A. Dastre expose et compare patiemment les études, sur la vie dans la matière, des savants de l'Europe ; et il conclut ainsi : « Jamais jus-« qu'ici on n'a formé une seule parcelle de matière « vivante, si ce n'est par filiation, grâce à l'intervention « d'un organisme *vivant, préexistant.* »

Donc, la vie était avant la matière animée, vivante ; la matière reçoit la vie ; la vie seule étant principe de vie.

Donc « le père des vivants, c'est Dieu ».

Sortez de là !

Et ce prodige de beauté, ce don de l'infinie *Lumière*, la vie, au lieu d'en faire l'attribut naturel de l'Esprit, ce foyer perpétuel d'activité, vous la faites procéder de la matière mue par les forces aveugles de la nature !

La matière, voilà la machine humaine ; les forces, voilà le moteur ; ça va tout seul comme une automobile ; et c'est avec cet instrument ingénieux que l'homme *élabore* ses *pensées !* — Mais derrière l'automobile il y a l'inventeur-constructeur ; la machine humaine s'en passe donc ? Pourtant, savez-vous, pas d'effet sans cause !... Pas de fait sans auteur vivant de ce fait...

Vous détournez vos yeux du « *deus ex machina* », du Dieu impulseur du corps humain. En avez-vous le droit ? « Que la science est ridicule, quand elle n'est pas sage ! »

Inutile d'insister. Dans la nature rien n'existe par soi-même : tout est contingent, vient de quelqu'un qu'on ne voit pas : la matière comme les lois qui la régissent, les forces incalculables qui l'animent, comme les formes si variées qui en font l'ornement. Rien ne pouvant provenir de la matière inerte, elle-même créée et partant ne créant pas, la seule substance visible ou sensible pour nous, tout vient donc nécessairement de *l'invisible !*

Et puis, entendons-nous bien : la force est la mesure de la puissance. Une force de la nature incommensurable est le fait d'une puissance infinie ; ces lois de la nature d'une sagesse incompréhensible dénotent un immense génie.

Où le trouvez-vous ? Pas sur terre. Tous ces phénomènes qui font la nature ce qu'elle est, d'une variété et d'une splendeur si grande, qui racontent (enarrant) la gloire de leur auteur, mais que les plus beaux génies sont impuissants à décrire et à célébrer, sont donc causés par quelqu'un tout-puissant qu'on ne voit pas, par l'Invisible ?

En rejetant le Créateur invisible, les matérialistes se

condamnent à l'ignorance des causes premières de la nature ; et c'est dans ce brouillard inextricable, qu'ils entendent emprisonner la génération actuelle.

Avec leur guitare d'émancipation des intelligences, de progrès moderne, ils font table rase de tout idéal, ils font mentir le *sursum corda* (haut les cœurs !) ils sortent de leur sphère d'action, le monde visible, pour escalader le ciel, comme les titans de la fable, détrôner son auteur invisible.

Ils forcent les fronts de nos enfants à s'incliner vers la terre, vers la matière, sans but et sans espérance.

O Docteurs de l'obscurantisme, qui appelez « faux ce qui est vrai, lumière ce qui est la nuit, progrès ce qui marche en arrière ! »

Qu'on me donne un levier, disait Archimède, et je soulève le monde.

Les matérialistes, qui aujourd'hui réglementent l'instruction de nos enfants, se prétendent munis de ce levier. Ils l'appellent la *science*. Avec cette machine ils se font forts de rayer la morale chrétienne, règle de la conscience, la foi dans le monde invisible, Dieu lui-même. Ils se prétendent seuls dépositaires de la vraie lumière dont ils incendient le monde intellectuel. L'empire des intelligences vient de droit aux *scientistes*, aux champions de l'*infaillible* science !

La science ?

Il y a des milliers de sciences : arithmétique, géométrie, botanique, physique, etc. Une science, c'est, dit le dictionnaire, la connaissance qu'on a d'une chose. Mais qui n'a pas quelque connaissance ? Ne dit-on pas : la science court les rues ? — Une science, si vous voulez, est la connaissance des rapports des choses entre elles. Mais cette connaissance varie de jour en jour, grâce à d'incessantes découvertes : ce qui était scientifiquement vrai hier, aujourd'hui est faux. Autrefois le soleil tournait autour de la terre ; et puis ce fut la terre, la pauvre ! qui s'est mise à rouler autour du soleil. Et dans cent ans, qu'en dira-t-on ? Pourquoi donc faire sonner haut *la science* tout court ? Pourquoi s'efforce-t-on de faire de ce grand mot, *la science*, aux yeux des bonnes gens, une sorte de puissance, de religion nouvelle devant laquelle tout doive s'incliner ? Ce qui est si multiple, si varié et si inconstant mérite-t-il notre adoration ?

« — Un dieu qui change n'est pas un dieu. »

« On peut bien dire que, s'il n'y a guère aujourd'hui
« d'idole plus tyrannique ni de superstition plus accrédi-
« tée, plus répandue que *la science* il n'y en a pas non
« plus dont il soit plus difficile de définir la nature et de
« justifier les titres à la domination universelle qu'elle
« exerce. »

Enfin qu'entend-on par ce mot ronflant *la science*, par ce fétiche moderne qu'on impose à la vénération des simples ? — Dans ce mot *la science* se trouve une équivoque séduisante et trompeuse, du vent agrémenté d'orgueil et de mépris du vulgaire.

Nous avons tous les jours des preuves de l'infaillibilité de cette encombrante divinité des scientistes. En mai dernier, on lisait dans le journal américain, le *New-York Herald* : le 7 mai, veille de l'épouvantable catastrophe de la Martinique, une Commission scientifique, après mûr examen fait sur les lieux, avait déclaré que nul danger n'était à craindre.

Le lendemain matin, Saint-Pierre n'était plus. Il en a été de même pour le désastre de fin août.

A propos de ces éruptions volcaniques, un savant s'efforce de nous consoler :

« La terre des continents, dit-il, s'abaisse peu à peu.
« Le sol, sous nos pieds, descendrait bientôt au-dessous
« du niveau des mers et nous serions *tous noyés* si des
« tremblements de terre et d'effroyables convulsions sou-
« terraines ne relevaient la terre que nous foulons. »

Allons, tant mieux !

L'ineffable M. Berthelot, chimiste, membre de l'Académie, se fait fort de mettre le monde à l'abri de la famine à tout jamais : il va nous enseigner à transformer en pain et en viande les substances les plus élémentaires, bois, minéraux, eau, air, par sa méthode de synthèse.

Tant mieux encore.

Un autre savant nous jure que bientôt nous parcourrons les plaines de l'air en ballons dirigeables, en toute sécurité comme sur le plancher des vaches. On va inaugurer l'ère de l'automobilisme aérien. Ce sera à en faire sécher de dépit la gente ailée !

Je sais bien qu'il y en a qui disent comme cela que ces Messieurs sont des fumistes. Je ne serai pas aussi irrévérencieux. J'attendrai.

Pourquoi, me dirait un savant, ne pas avoir foi dans la solidité indiscutable des sciences modernes et dans leurs bienfaits ?

Je les admire autant que vous. Je ne m'insurge que contre leurs prétentions à l'infaillibilité. Si elles se trompent souvent dans les études qui sont de leur domaine, la nature, qui les pousse à trancher souverainement contre l'enseignement chrétien, contre toutes ces hautes questions de foi et de métaphysique qui ne sont pas de leur ressort ? Comment, parce que l'Esprit invisible est *indécouvrable* dans ses expériences de labora-

toire, dans ses cornues et ses matras, on dit : il n'est pas!
On place le salut de l'humanité dans le rejet de tout idéal,
dans un positivisme désespérant, et sans rien prouver?
Que ne nous laisse-t-on, comme ces millions de simples,
nous en rapporter à la doctrine réconfortante qui a fait
ses preuves pendant 19 siècles, la doctrine de Celui qui
est « la voie, la Vérité et la vie », cette doctrine qu'on
bafoue sans pouvoir la remplacer, cette « vieille chanson »
qui console tant de cœurs endoloris !

Et ces aberrations scientifiques, pourquoi? On écoute
plus son imagination que sa raison. — Charron (1541-
1603) va vous le dire : « En l'imagination se tient et se
« loge l'*opinion*, qui est un vain et léger, crud et imparfait
« jugement des choses, n'arrivant jamais jusqu'à l'enten-
« dement, pour y estre examiné, cuit et élabouré, et estre
« *faict raison*, qui est un vray et entier jugement des
« choses..... »

Et puis, pourquoi tant raisonner : la Révélation même
n'est pas nécessaire pour la foi dans le Créateur, c'est
une vérité innée en chacun de nous. La première preuve
de l'existence de la Divinité repose dans l'*intuition*, dans
cette vue spontanée, révélée au plus intime de notre âme.
L'intuition est indéfinissable par la science, étant supé-
rieure à tout raisonnement ; elle est inscrite au fond de la
conscience, c'est la vue de Dieu en chacun de nous.
Pour ne pas sentir cette flamme lumineuse, si consolante
en son cœur, il faut être dépravé, dénaturé, ou s'être
jeté dans une complète aberration mentale. C'est bien
moins la raison que l'amour qui gouverne le monde,
comme la famille. Trouvez-moi un peuple sans Dieu, une
peuplade incapable d'un sentiment de reconnaissance et
de justice envers le Créateur. L'histoire de l'humanité
toute entière serait là contre vous.

Dans son parcours à travers l'Ukraine, Mme Th. Bentzon fut frappée de l'extrême dévotion des paysans russes schismatiques au pèlerinage de la Lavra, à Kiew, sur le Dniéper.

En regardant cette foule abimée en Dieu (foule dépourvue de cette instruction qui chez nous, a dit Loti, est le grand fléau destructeur. Instruisez, instruisez, disait-on, et vous verrez fleurir tous les progrès ! — On a instruit à profusion, et partout, dit le vieux philosophe Herbert Spencer, nous voyons, sous des formes civilisées, les hommes retourner à la sauvagerie), un de ses compagnons de voyage, très franchement libre-penseur, ne put se retenir de lui dire : « Nous aurions tort vraiment de leur « enlever cela avant de mettre quelque chose à la place ! » Quel aveu ! — qu'en pense M. Guyau avec son livre désespérant : l'*Irréligion de l'avenir* ?

Enfin, puisque dans le monde visible, tout, absolument tout, mouvement, forces, formes, vie, est au service exclusif de l'Esprit invisible, ne provient que de lui : Dieu, anges, âme (génie de l'homme), il est de toute évidence, que la matière considérée seule, n'est véritablement que la *nuit*, comme dit le grand poète.

Et c'est dans ces ténèbres épaisses que nos maîtres veulent faire croupir la génération actuelle.

Et la raison vraie de cette criminelle absurdité ?

« Vous ne croyez à rien et vous vous en faites gloire, « comme dirait M. Cochin, qui vous pousse donc à con« damner nos croyances qui ne peuvent gêner les vôtres ? » Hélas non, nos croyances ne gênent pas les leurs, mais en nous donnant force et courage elles leur font peur !

L'homme public dépourvu de tout idéal, sans doctrine bien définie religieuse, politique ou sociale, est un désemparé, un timide, un faible !

L'homme à principes bien déterminés au contraire, inébranlable en sa doctrine, est un fort : la foi est la manne des forts.

Les catholiques ont contre eux trois sortes d'adversaires, qui s'entendent comme larrons en foire, ce triple adversaire, ce sont les francs-maçons, les juifs et les protestants.

Le franc-maçon, depuis surtout qu'il rougit de son « *grand architecte de l'univers* » a versé dans le matérialisme, il ne croit à rien.

Le juif, notre séculaire ennemi, ne croit qu'à la puissance de l'or.

Et si le protestant, homme public, a cru longtemps, il ne croit à peu près rien, depuis qu'en haine de nous, il rejette la plupart des grandes vérités évangéliques.

Ce sont trois faibles qui craignent tout du fort qu'est le catholique ; la meilleure preuve de leur faiblesse est leur violence contre nous.

Ils se sont coalisés pour arracher la foi au vrai chrétien, pour rendre les catholiques incroyants et aussi misérables qu'eux-mêmes. C'est par notre *avachissement* seul qu'ils comptent rester les maîtres paisibles de la France. Abolir toute croyance positive reconfortante, voilà leur secret. Le vide des âmes (solitudo) ils appellent cela la paix.

Ce sont des timides : ils n'osent attaquer de front l'Église sous son nom sublime de catholicisme. Tout ennemi de la vérité est doublé d'un hypocrite ; ils s'efforcent de nous flétrir en nous amoindrissant aux yeux du vulgaire, sous la dénomination fallacieuse de cléricaux. — C'est usé.

Un peuple n'est vraiment libre que sous un gouvernement libre. Il faut qu'un chef d'état entouré d'hommes indépendants, puisse administrer suivant ses meilleures inspirations, et toute la puissance de son génie, pour le bien commun, dont il répond devant Dieu et devant les hommes.

Mais nos maîtres le peuvent-ils? Ils s'agitent impuissants et troublés sous les ordres d'une secte cosmopolite, tellement dépravée qu'elle se sent obligée de tenir secrètes, en ses antres, tant qu'elle le peut, ses machinations journalières contre la religion et la conservation sociale.

Nos maîtres asservis nous tyrannisent et nous ruinent à plaisir; c'est dans la nature du servage. On les a lancés à fond de train contre l'enseignement libre et religieux; et le premier ministre qui tenterait de serrer les freins, serait renversé, pour avoir failli à la mission reçue des loges!

La dénonciation est à l'ordre du jour. Les fonctionnaires de tous grades tremblent pour leurs places. Professeurs, instituteurs, institutrices se sentent sans lendemain; écœurés ils n'aspirent qu'à se créer, en dehors de l'enseignement, une situation plus stable et moins dépendante, il en est qui voudraient bien s'en aller!

Les Chambres, du moins, s'occupent dans le calme des graves questions du progrès social, du commerce de l'industrie, de l'amélioration du sort de la classe rurale et ouvrière?... Attendez qu'elles se soient bien repues de curés, de moines et de religieuses!

A Pons, un ministre déclarait qu'il poursuivrait le *péril clérical* jusqu'au bout. Parole de haine qui n'a qu'un but, détourner les regards du trop réel péril socio-radical; quel est-il? retrait aux pères de famille de la direction de l'âme de leurs enfants par la proscription et la ruine de l'enseignement religieux; entraves au culte, protectection des grands malfaiteurs, impôts écrasants toujours insuffisants devant le gouffre du déficit, qui paralyse le travail national; menaces pour cet hiver de milliers et milliers d'ouvriers sans travail.

Voilà le vrai péril socio-radical dont on nous détourne en criant au péril clérical. Et ce prétendu péril clérical bon pour duper les niais, vous voulez le poursuivre jusqu'au bout. Ce terme sera l'asservissement définitif des chrétiens.

Enfin ce fantôme horripilant du *péril clérical* répondrait-il à une idée ou à un danger véritable? Ne serait-ce point cette terreur risible qui trouble la conscience un peu chargée des puissants compagnons de la truelle, à la vue d'une soutane ou d'une cornette? Ou bien cette prétention des honnêtes gens de voir clair dans les tripatouillages de la haute fripouille (dreyfusisme, Panama, les Crawfort, etc.).

Si ce n'est pas cela, nous vous défions de nous dire sans rire ce que peut bien être le péril clérical! L'intransigeant socialiste Jules Guesde écrivait naguère : « C'est « par la guerre aux cléricaux qu'on jette de la poudre à « moineaux aux travailleurs ».

Et pourtant qui n'est pas bombarbé clérical, en dehors des ministériels, des ambitieux et des hommes de désordre? Les républicains partisans de la liberté égale pour tous, les monarchistes et cette masse énorme d'honnêtes citoyens indifférents à toute forme gouvernementale, tous veulent la liberté du culte et de l'enseignement chrétien, la plupart par esprit de foi, mais un grand nombre parce qu'ils ne voient que dans la religion libre et respectée le maintien de l'ordre, du commerce et de la paix sociale. Tous autant de cléricaux, d'après la presse officielle.

Qui n'a pas lu un ministériel, le député socialiste Viviani, déclarant à la Chambre que « il n'y a aucune « différence entre le cléricalisme et le catholicisme, qu'il « n'en faut faire aucune, et que l'objectif commun doit « être la guerre à l'Église catholique ».

Nos maîtres se disent que leurs adversaires de toute nuance, une fois le catholicisme anéanti, seront sans force ni autorité, qu'ils tomberont à rien. Ils les vouent tous, en tant que cléricaux, aux fureurs de la révolution ; se vantant de sauver par là leur République à eux, la seule vraie, celle du chambardement universel.

Des républicains éprouvés n'échappent pas à cet ostracisme : le 10 octobre, le Conseil municipal d'Angers avait à se prononcer pour ou contre les communautés religieuses ; M. le Dr Monprofit, bien connu pour son républicanisme, s'est prononcé en faveur de toutes les bonnes Sœurs en faisant la déclaration suivante : « Je ne « comprends la République que basée sur la liberté, « l'égalité et la justice. » Qne voulez-vous ? cet habile chirurgien, en rapports journaliers avec les bonnes Sœurs dans nos hôpitaux et ailleurs, sait mieux que personne ce qu'elles valent. Tout de même, le voilà embrigadé parmi les cléricaux...

Le docteur Bichon, d'Angers, lui, l'a échappé belle : en 1892, au même Conseil, a dit le *Petit Courrier*, M. Bichon défendit les Sœurs de l'Orphelinat municipal, en rendant hommage à « leur intelligence et à leur dévouement ». Clérical, va ! Mais, député domestiqué au bloc radico-socialiste, il a proscrit les Religieuses. Autrefois, M. Bichon s'occupait de guérir le pauvre monde, songez donc ! Aujourd'hui il a pour tâche de le dépraver.

Sur cent médecins, quatre-vingt-quinze sont favorables aux Sœurs.

Et au-dessous de vous, nos maîtres, qu'entendons-nous dans vos journaux, dans les clubs et dans la rue? — A bas la calotte, les ignorantins de tout acabit, jésuites, bondieusards... Le bon Dieu, n'en faut plus !...

Ce n'est pas rassurant pour nous tout ce débordement infernal d'outrages à la religion ; c'est accumuler de graves dangers sur nos têtes.

Ce régime honteux durera-t-il? On ne sait, tant est profonde la dégradation morale, de haut en bas, sous le joug maçonnique. Je sais que des voix autorisées, des voix saintes, ont dit que le triomphe de la liberté et de la justice pour tous n'était pas très loin... si nous nous y prêtons. Soit! Mais tant que le suffrage universel ne sera pas mieux éclairé, pas plus conscient de ses vrais intérêts, la force l'emportera contre le droit.

Vraiment, on en est là? me disait un voisin effaré. — Oui, mon ami : sortir de votre trop douce apathie ou finir, choisissez. Si vous ne voulez pas être un chrétien résolu, comme en Belgique et en Allemagne, s'il vous répugne toujours d'assumer la tâche ardue de faire comprendre ses vrais intérêts à la classe des travailleurs, tout ce monde, nos frères, qui peine et lutte pour la vie, n'y verra goutte comme par le passé ; il continuera d'écouter ses exploiteurs sans scrupule, tous les charlatans repus de la révolution antireligieuse et antisociale ; et en se perdant lui-même il repoussera les vôtres par ses votes, comme ses ennemis naturels. Et vous serez mangé, na !

— Bah ! l'ordre actuel et la religion dureront plus que moi.

— Peut-être, et je vous le souhaite, vous êtes un si brave homme. Seulement, il y a quelque cent dix ans, vos pareils tenaient, comme Louis XV, un langage tout pareil. Avouez que cela leur a peu réussi. Mêmement qu'à beaucoup on leur a coupé le cou au son de la musique, au chant de cette *Carmagnole* qui, de notre temps, égaie les échos des faubourgs de nos grandes villes. (Il est de fait que les journaux du ministère, la *Lanterne*, l'*Aurore*, réclament contre nous les dernières violences.)

— Il est bien question de cela?

— Il est question de pis :

La doctrine dissolvante de notre temps tend à éteindre toute dignité humaine et à étouffer la conscience. C'est elle qui fait les débauchés, les ivrognes, les ennemis de toute autorité, les désespérés, et cette nouvelle plaie sociale, les roulottiers et tous les vagabonds de nos campagnes.

Des milliers de braves gens boivent cette doctrine sans Dieu comme un champagne capiteux; ils croient voir, dans leurs faux docteurs, les précurseurs du salut social qui leur prêchent : ni Dieu, ni maîtres, tous les *droits* sans les *devoirs* au nom de la liberté!

En débutant, l'an passé, je vous disais ce qu'est la vraie liberté, pour le pauvre comme pour le riche; dernièrement, M. Brunetière la définissait de la même façon :

« L'homme n'a qu'un droit, celui de faire son devoir. »

En septembre, à notre porte, au Champ, dans une réunion de quelques dizaines de paysans, présidés par le maire, M. le directeur Jagot, du *Patriote de l'Ouest*, leur disait : « Je ne crois pas à la vie future. J'estime que « l'homme doit faire son paradis sur terre (il est beau ce « paradis!); s'accorder les jouissances qui se présentent.

« — *Dieu, c'est l'homme !!* » — Si ce n'est pas là corrompre et tromper pour régner, qu'est-ce donc?

Là est le salut; voilà ce qu'il faudrait crier par dessus les toits : Faire son devoir!

Je veux croire que notre pays est trop intelligent pour se payer indéfiniment des bourdes matérialistes, pour regarder comme de « vieilles chansons » la Religion et l'enseignement chrétien. Mais si nous nous taisions lâchement, si nous laissions faire sans protestations et sans actes ceux qui tiennent depuis des années la haute main dans la direction des jeunes intelligences, ils arriveraient petit à petit à nous réduire à la triste existence des païens. Nous croupirions sous une sorte de mandarinisme philosophique, qui ferait de nous ce qu'il voudrait, comme il le fait des Orientaux. Nous serions passibles d'être conduits à coups de fouet, comme cela se pratique par la police dans les rues de Constantinople, de Téhéran et de Pékin.

A mesure qu'un peuple s'écarte de l'esprit d'ordre et de religion, il perd la conscience de sa force et de sa dignité. Il demeure désarmé en face des contes bleus d'un socialisme haineux et antichrétien; il devient exploitable à merci par l'entreprise révolutionnaire. C'est le sort que l'on prépare à nos enfants.

Le voulez-vous ?

Un dernier mot.

Messieurs, vous voulez déchristianiser la nation; vos tendances et vos actes le prouvent aux plus aveugles; sans doute pour la façonner à votre image.

Mais, dites-nous donc ce que vous êtes. Êtes-vous de la religion Juive? Non, car le décalogue commence par Dieu. — Êtes-vous païens, comme Socrate et Cicéron? Mais ils confessaient la Divinité. — Vous êtes le néant en religion, dépourvus de toute doctrine, de toute foi, de tout idéal. Pour vous suivre, il faudrait que la nation s'anéantît dans l'absolue bestialité.

Pour avoir longtemps déblatéré contre l'intolérance religieuse, vous voilà pris en flagrant délit d'intolérance irréligieuse. Quelle dérision ! C'est le cas de dire que celui que Dieu veut perdre, il le frappe de démence.

Ignorez-vous à ce point les besoins de l'âme humaine, que vous vous faites forts de supprimer le catholicisme sans le remplacer ? L'histoire est donc lettre-morte pour vous ? Elle vous dirait que jamais on n'a anéanti la religion ; on n'a jamais fait que substituer une religion à une autre.

Du temps des grandes persécutions religieuses, par lesquelles l'empire des Césars inondait le monde du sang chrétien, n'était-ce pas pour défendre et maintenir le règne de la religion païenne ? — Si au XVIe siècle Luther, Calvin et les princes philosophes bouleversaient l'Allemagne, c'était pour fonder une autre religion, le protestantisme. — Quand Henri VIII et Élisabeth anéantissaient dans leur royaume la religion catholique, ils lui substituaient la religion anglicane.

Vos modèles, les Jacobins de la grande Révolution, eux-mêmes, ne tentèrent-ils pas de mettre à la place du christianisme une religion nouvelle, le culte de la *déesse Raison*, inauguré solennellement au Champ-de-Mars.

Un peu plus tard la Révolution a interdit tout culte religieux, mais au prix de combien de sang ? Un des premiers actes du premier Consul a été de réparer ce crime unique dans l'histoire.

Les philosophes et les poètes, depuis plus d'un siècle, ne prêchent-ils pas la religion rationnelle de l'avenir ? — Enfin de notre temps, nos savants spiristes s'efforcent naïvement de remplacer la *superstition catholique* qui, disent-ils, a fait son temps, par une religion dogmatique, révélée par les esprits.

Et vous, Messieurs Waldeck-Rousseau, Trouillot, Combes, Henri Maret, tous élevés par les prêtres, Bourgeois et toute la secte franc-maçonnique, pensant mieux faire que ces novateurs audacieux, vous rêvez de mettre à la place du catholicisme, non pas une autre religion, comme ils le voulaient et le veulent encore, mais le néant ?

Car enfin quelle idée religieuse pourrait hanter le cerveau de vous autres jemenfichistes, qui supprimez même le *nommé* Dieu ?

Et vous pensez nous faire descendre aussi bas par vos mesures empiriques de haricotiers politiques, aussi vieilles que la bêtise humaine, par vos dénonciations incessantes, vos intimidations, par vos mensonges, par cette plate tyrannie, dont rougiraient des mandarins du céleste Empire ?

En vérité, je vous le dis, vous vous montrez plus délirants encore que criminels.

Ceux qui, avant d'être au pouvoir, criaient le plus haut contre des lois qu'ils trouvaient injustes, et conspiraient même contre l'ordre établi, ceux-là ne nous parlent que de

La Loi !

Tout a été dit là-dessus. — Il y a loi et loi. Loi conforme à la Justice et à la raison, et loi du parti le plus fort ;

Loi acceptée par tout un peuple et sanctionnée par le temps ;

Et loi inspirée par une passion politique du moment, ou par tout autre passion.

Autrefois c'était bien simple : la loi reposait sur la morale évangélique, le droit naturel, la conscience. On a changé cela, comme on a voulu déplacer le cœur de l'homme en le mettant à droite. On nous tympanise avec

les « droits de l'homme » et avec les *immortels pri ci*
de 1789. Qu'on s'y tienne donc en toute sincérité, u lieu
de nous faire des lois d'exception qui en sont la contre-
partie.

Chez nous, la loi est censée faite par les élus du plus
grand nombre d'électeurs, par les représentants vrais de
la majorité de la nation française. Ce n'est pas souvent
exact.

Ainsi il a été établi, chiffres en main, que la nouvelle
Chambre est issue de la minorité des votants, tout
comme M. Bichon, de la première circonscription d'Angers, qui, sur 24.209 votants, n'a été élu que par 10.895,
c'est-à-dire par la minorité des votes exprimés ; ses con-
currents ayant obtenu ensemble 12.655 voix. Qu'on
n'invoque donc pas, pour le respect de la loi, le verdict
de la volonté nationale.

Du reste, les droits de la minorité méritent le même
respect que ceux de la majorité, autrement c'est la violence par le nombre, un abus de la force contre le droit
naturel, c'est un anachronisme à notre époque.

La loi qui enlève aux parents la faculté d'élever leurs
enfants à leur manière, brise les liens de la famille ; elle
est criminelle tout comme cette loi anglaise *existante*, qui
porte la peine de mort contre les catholiques. La res-
pecte-t-on, cette loi infâme ? L'applique-t-on ?

Le Gouvernement anglais et la majorité de la nation
sont protestants ; pourtant là les catholiques éduquent
leurs enfants en toute liberté et même les écoles libres
sont subventionnées par l'État en raison du nombre
d'élèves. De l'autre côté de la Manche, l'hypocrisie libertaire des francs-maçons ne ferait pas ses frais : à propos
de liberté fictive on ne roule pas l'Anglais comme de
simples Français.

Qui ignore que ces fameux « droits de l'homme », dont on se targue aujourd'hui, qu'on affiche même dans les écoles, déclare *légitime l'insurrection* contre tout attentat à la liberté de la famille ?

La loi n'est donc pas sacro-sainte tant que cela ! Et notre devoir est de réagir par nos votes et nos actes contre les prétentions d'un ministère et de législateurs, qui, par des décisions arbitraires, nous enlèvent, sous prétexte que c'est la loi, ce que nous accordent les « immortels principes de 1789 », le droit naturel d'élever et d'instruire chrétiennement nos enfants et d'observer publiquement nos devoirs religieux en toute facilité et liberté.

Il n'y a pas de droit contre le droit, on l'oublie trop.

Et quand surtout, comme encore dernièrement, on s'efforce par de simples décrets même illégaux, de faire table rase de nos libertés les plus chères et de l'égalité des droits naturels pour tous, à nous trente et quelques millions de catholiques, la résistance s'impose, et inévitablement la violence appelle la violence. De ce pas où allons-nous ?

Vous prétendez appliquer des lois de haine et des décrets pires par votre politique à « coups de trique », vous vous croyez à Pékin !

Quelle paraît être votre devise ?

> *Sit pro libertate voluntas.*
> La liberté, c'est notre bon plaisir.

« Ce serait une erreur de croire, a dit un poète, que ces « choses finiront par des chants et des apothéoses. »

Dans sa persécution délirante, M. Combes voit les populations catholiques et les simples honnêtes gens tournés contre lui ; il lit, non sans dépit, la désapproba-

tion et les moqueries des journaux des Républiques
Suisse et des États-Unis, de la libre Angleterre et même,
et même ! des gros bonnets du socialisme allemand. Dans
son désarroi piteux, il répond au monde attentif et
gouailleur qu'il s'en tient au *Concordat*.

C'est une nouvelle manière d'un ministère qui, notoi-
rement incapable en administration et en politique,
s'accroche aux passions révolutionnaires pour se maintenir.

La question du Concordat est vidée, contre cette poi-
gnée de sectaires, par une foule d'esprits éminents. Là-
dessus les débats sont clos.

Mais un mot : le Concordat a été arrêté à l'époque où
communautés religieuses, couvents et monastères avaient
disparu sous la main de fer, dans les massacres et les
incendies de la Convention. La tourmente venait de finir,
et déjà l'enseignement se reprenait en toute liberté. Voilà
de l'histoire.

Il est de fait, c'est qu'on n'invoque plus ce pacte
solennel (1801), conclu entre le vénérable Pie VII et
Napoléon Iᵉʳ, que pour en resserrer les clauses restric-
tives et retirer aux catholiques, l'une après l'autre, toutes
les garanties de sécurité et de liberté qu'il assurait à
l'Église. Il est sa dernière sauvegarde ; aussi le Concordat, il n'en faut plus !

Je serais bien payé de cette trop longue étude, si j'avais
le bonheur d'inspirer à mes très chers concitoyens l'intelligence de leurs vrais intérêts, de les pénétrer d'horreur
contre l'apostasie de la Foi à la mode du jour.

En définitive, sur quoi repose le bonheur des humbles
et des déshérités, sinon sur l'enseignement et l'observation

de la doctrine de ce tout petit livre que l'on interdit dans les écoles publiques.

Un ami prête au bon La Fontaine son livre des Évangiles ; plus tard en le lui rendant ce faux bonhomme, assez corrompu comme chacun sait, lui dit : « c'est un assez bon livre ! »

Ce n'est pas sur ce ton que Théodore Jouffroy jugea le catéchisme, dans un de ses discours à la Sorbonne qui faisait accourir toute la jeunesse des grandes écoles vers 1840 :

« Il y a un petit livre, dit ce profond penseur, qu'on
« fait apprendre aux enfants et sur lequel on les interroge
« à l'église. Lisez ce petit livre qui est le catéchisme ;
« vous y trouverez une solution de toutes les questions
« que j'ai posées, de toutes sans exception. Demandez
« au chrétien d'où vient l'espèce humaine, il le sait ; où
« elle va, il le sait. Demandez à ce pauvre enfant, qui
« de sa vie n'y a songé, pourquoi il est ici-bas et ce qu'il
« deviendra après sa mort..., il vous fera une réponse
« sublime, admirable. Demandez-lui comment le monde
« a été créé et à quelle fin ; pourquoi Dieu y a mis des
« animaux, des plantes ; comment la terre a été peuplée ;
« si c'est par une famille ou par plusieurs ; pourquoi les
« hommes parlent plusieurs langues ; pourquoi ils
« souffrent, pourquoi ils se battent, et comment tout cela
« finira : il le sait. Origine du monde, origine de l'espèce,
« question de races, destinée de l'homme en cette vie et
« en l'autre, rapports de l'homme avec Dieu, devoirs de
« l'homme envers ses semblables, droits de l'homme sur
« la création, il n'ignore rien, et, quand il sera grand, il
« n'hésitera pas davantage sur le droit naturel, sur le
« droit politique et sur le droit des gens : car tout cela
« sort, tout cela découle avec clarté et comme de soi-

« même du christianisme. Voilà ce que j'appelle une
« grande religion ; je la reconnais à ce signe qu'elle
« ne laisse sans réponse aucune des questions qui inté-
« ressent l'humanité. »

Voilà le catéchisme qu'on ne sait plus et qu'on n'avoue-
rait pas savoir sans rougir ! — Ce livre de science *cléri-
cale*, il n'en faut plus dans nos écoles.

Et qui était-ce ce Théodore Jouffroy qui en a si bien
parlé ? Le penseur le plus écouté et le plus cité par la
jeunesse intellectuelle de la première moitié du XIXe siècle,
professeur à l'école normale puis à la Sorbonne, 1817-
1841, à la fin inspecteur général de l'Université, peu
catholique, hélas ! mort subitement, mars 1842, avant sa
soumission à l'Église.

La volonté de la France

Nous assistons à un fait d'histoire unique : la politique
et les affaires civiles reléguées au second plan ; la question religieuse agitant tous les esprits et partageant la
nation en deux camps nettement dessinés.

Les partisans de la liberté du culte et de l'enseignement.

Les révolutionnaires aspirant à l'abolition de la religion
nationale quinze fois séculaire.

Les libéraux chrétiens veulent la liberté pour eux et
pour leurs adversaires.

Les révolutionnaires veulent la liberté pour eux seuls
et la suprématie sur la nation entière.

Les intérêts en jeu concernent tous les Français et
Françaises, du jeune au vieux, du plus humble et du plus
déshérité au plus puissant. Et ces intérêts surpassent tout
autre en importance. C'est l'avenir d'une nation de

trente-huit millions et demi d'hommes qui se débat en ce moment.

Comment mettre fin à un aussi redoutable conflit ?

Pas par le suffrage universel, surtout tel qu'il est, pour deux raisons :

1° Dans les élections générales, il n'y a jamais plus de sept à huit millions de votes exprimés, ce qui ferait une majorité établie sur environ quatre millions de voix, pas bien plus ; chiffre qui n'est jamais atteint, et même la majorité aux dernières élections générales a été obtenue par moins de trois millions de suffrages.

N'est-il pas absurde autant que révoltant de voir les intérêts les plus graves et les plus sacrés de trente-huit millions d'hommes livrés aux mains de citoyens qui n'ont reçu leur mandat que de deux à trois millions d'électeurs, c'est-à-dire de moins du douzième de la population entière ?

2° Cette prétendue majorité, issue du suffrage dit universel, quelle est son autorité morale, quand on sait que les électeurs ont été tournés en tout sens par les intrigues, par l'influence officielle, la corruption, l'argent et le mensonge ? De quels droits réels, de quelle indépendance jouit cette infime minorité, majorité de fait, pour faire la justice dans ce grand procès pendant entre les deux partis contraires qui se partagent le pays, pour dire à un grand peuple : Abandonne-moi ta liberté religieuse et donne-moi tes enfants que je façonnerai à ma manière ; tu n'as qu'un droit ou plutôt qu'un devoir « celui de nourrir tes enfants et de payer, par les impôts « et autrement, les maîtres de mon choix (1) » !

(1) En 1794, Boissy d'Anglas déclarait cyniquement : « Le but des « fondateurs des écoles nouvelles n'est pas de propager les lumières, « mais de s'emparer de leur direction. »

Nos adversaires se vantent de représenter l'opinion nationale.

Nous, chrétiens, nous savons être le grand nombre. Donnons-en la preuve, et il faudra bien que nos adversaires, dont l'infime minorité sera mise à nu, nous laissent cette liberté nécessaire que nous réclamons sans cesse.

Comment le prouver? Par un grandiose pronunciamento, difficile comme toute grande manifestation, mais nullement impossible.

Que dans chaque commune de France, non pas cent, non pas cinquante, mais trois ou quatre citoyens, ils se trouveront partout, envoient au domicile de chacun une circulaire en quatre ou cinq lignes; qu'ils convoquent hommes et femmes, de tout âge et de toute condition, à venir en un endroit désigné donner leur avis par leur signature ou autrement, sur une des deux feuilles portant à l'en-tête :

Pour la liberté de culte et d'enseignement, oui
Pour la liberté de culte et d'enseignement, non

Et qu'ensuite ces mêmes citoyens fassent légaliser ces déclarations à la mairie de leur commune.

Et pour la première fois la volonté de la France sera connue.

F. RIBOURG.

Chemillé, décembre 1902.

Angers, Imprimerie Germain et G. Grassin. — 42-3.